U0580881

QINGHUA
HUIZHI WENKU

聚学术精粹·汇天下智慧

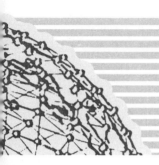

网络不正当竞争研究

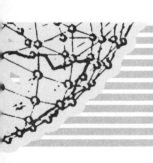

| 逄晓霞◎著

清华大学出版社

北京

内 容 简 介

本书研究主题为"网络不正当竞争问题研究"。首先，网络的普及，使网络不正当竞争行为在类型上不断花样翻新，带来的司法实践中的法律适用难题层出不穷。司法实践人员需要对不正当行为进行理论探讨。其次，网络的使用使得不正当竞争行为更加具有隐蔽性，一方面参与网络经营行为的主体可以在网络平台上通过文件、图片等形式秘密地进行不正当竞争；另一方面，执法机构很难得知线上不正当竞争行为的存在。再次，网络的专业性、技术性很强，而很多时候，反不正当竞争执法人员只具备一般的网络知识与技术执法难度很大。本书选取网络不正当竞争行为的法律认定、侵权的法律救济以及有效的法律规则等方面，有针对性地进行论述和分析研究。

本书适合高等院校法律专业竞争法研究人员的研究使用，同时可供学习该法的人和运用该法的实践工作者使用。

本书封面贴有清华大学出版社防伪标签，无标签者不得销售。

版权所有，侵权必究。举报：010-62782989，beiqinquan@tup.tsinghua.edu.cn。

图书在版编目（CIP）数据

网络不正当竞争研究/逄晓霞著. —北京：清华大学出版社，2021.9
（清华汇智文库）
ISBN 978-7-302-58846-7

Ⅰ．①网…　Ⅱ．①逄…　Ⅲ．①互联网络 – 反不正当竞争 – 经济法 – 研究 – 中国
Ⅳ．①D922.294.4

中国版本图书馆 CIP 数据核字(2021)第 159026 号

责任编辑：陆浥晨
封面设计：汉风唐韵
责任校对：王荣静
责任印制：丛怀宇

出版发行：清华大学出版社
　　　　　　网　　址：http://www.tup.com.cn，http://www.wqbook.com
　　　　　　地　　址：北京清华大学学研大厦 A 座　　　　邮　　编：100084
　　　　　　社 总 机：010-62770175　　　　　　　　　邮　　购：010-62786544
　　　　　　投稿与读者服务：010-62776969，c-service@tup.tsinghua.edu.cn
　　　　　　质 量 反 馈：010-62772015，zhiliang@tup.tsinghua.edu.cn
印 装 者：三河市东方印刷有限公司
经　　销：全国新华书店
开　　本：170mm×240mm　　　**印　张：**10.75　　　**字　　数：**179 千字
版　　次：2021 年 9 月第 1 版　　　　　　　　　**印　　次：**2021 年 9 月第 1 次印刷
定　　价：109.00 元

产品编号：086758-01

近年来，随着我国互联网网民，尤其是移动互联网网民数量的激增，"互联网+"新业态的兴起，带来了旺盛的互联网市场需求，也促使了互联网与各个传统行业进行深度融合。传统的不正当竞争行为已全面发展为全新的网络不正当竞争行为。由于网络环境自身的特殊性，网络不正当竞争行为与传统的不正当竞争行为表现出许多不同的特征。网络不正当竞争行为的出现，给网络公平、自由、竞争的市场秩序也带来了巨大的挑战。为有效保障网络公平、自由、竞争市场的有序运行，必须加强规范网络不正当竞争行为。

由于我国行政和司法领域在规制网络不正当竞争行为时存在认识上和实践经验上的不足，并且存在网络不正当竞争行为规制法律法规供应上的不足。虽然网络早已不是一个新生概念，但是，网络不正当竞争行为法律规制的整体"触网度"并不高。面对目前的网络环境，我国在 1993 年制定的《中华人民共和国反不正当竞争法》(以下简称《反不正当竞争法》)表现出相对的滞后性，这也导致了 2017 年修订后的《反不正当竞争法》的紧急出台。因此，建立与完善包括《反不正当竞争法》本身在内的规制不正当竞争行为的法律体系，对于规范网络不正当竞争行为显得十分迫切。

在司法实践中，如何有效应对网络不正当竞争行为，保证公平、公正的网络的市场竞争秩序，目前国内学界仍然缺少专门的理论性研究著作。2017 年11 月 4 日，新修订的《中华人民共和国反不正当竞争法》经全国人大常委会表决通过。新法适应经济社会发展变化和"互联网+"广泛普及的现状，进一步完善了对不正当竞争行为的有效法律应对，尤其是"互联网专条"对网络不正当竞争行为作出了明确具体的法律规定。尽管 2017 年《反不正当竞争法》的"互联网专条"增加了对网络的不正当竞争行为的具体行为类型规定，但随着网络竞争行为新情况、新问题的不断出现，该法仍然需要进一步深化理论性研究和不断进行完善改进。本书拟针对我国司法实践中所遇到的网络不正当竞争行为问题，通过对网络不正当竞争行为进行类型化的归类和分析，从而发现我国在对网络不正当竞争行为立法方面存在的问题和不足，进而为我国立法和具体的司法实践提出具有针对性的、有效的合理化建议。这是本书研究的理论和现实意义之所在。

本书研究主题为"网络不正当竞争研究"。网络，尤其是移动网络的普及，网络不正当竞争行为在类型上不断地花样翻新，带来司法实践中层出不穷的法律适用难题。例如，对于侦查人员来说，需要通过调查涉案企业的微信、QQ等来获取证据，过程中要注意取证与保存；对于公证人员来说，要能接受电子数据的公证，学会如何进行正确有效的公证；对于法官来说，要能认定分析电子数据的效力，不能一味排除电子数据证据的使用；等等，与之相关的还有很多问题。网络的使用使得不正当竞争行为更加具有隐蔽性。一方面参与网络经营行为的主体可以在网络平台上通过文件、图片等形式秘密地进行不正当竞争；另一方面，执法机构很难得知线上不正当竞争行为的存在。网络的专业性、技术性很强，而很多时候，反不正当竞争执法人员只具备一般的网络知识与技术。本书选取网络不正当竞争行为的法律界定、类型分析、具体行为的法律认定、侵权的法律救济以及有效的法律规制等方面，有针对性地进行论述和分析研究，所选的主题按"提出问题—分析问题—解决问题"的思路进行探讨和阐述，每个问题的论述自成一体；同时所选取的几个法律问题之间又存在紧密的内在逻辑联系，整本书除"绪论"和"结语"外，主体部分在结构上采用点面结合、层层递进的方式编排，力求做到开阖有序。

第一章属于绪论部分，主要介绍本书的研究主题、研究意义和研究方法等内容，属于引言部分。

第二章，对网络不正当竞争行为进行相关的法律界定，主要从网络不正当竞争行为的概念界定以及有违"公平竞争、商业道德"两方面进行具体论述和说明，本部分属于理论研究概述部分。本书将网络不正当竞争行为归为传统的不正当竞争行为和网络新出现的不正当竞争行为两大类，采用案例列举的形式分析了两大类型的不正当竞争行为的典型表现形式，充分阐释了网络不正当竞争行为给市场公平竞争和消费者权益带来的严重危害。同时，从《反不正当竞争法》规定的"公平竞争"和"商业道德"的一般原则来分析网络不正当竞争行为的非正当性，以及对其进行有效规制的紧迫性。在此基础上，对网络不正当竞争行为的本质特征进行总结概括。

第三章，对网络不正当竞争行为的具体表现形式进行实证分析，分别对利用网络进行的不正当竞争行为和利用网络平台进行的不正当竞争行为进行分类实证研究，对网络不正当竞争行为的特有形式进行具体的分类研究，同时与《反不正当竞争法》中规定的传统的不正当竞争行为的表现形式进行比较研究。

第四章，对我国网络不正当竞争行为的法律规制进行实证分析，对我国当前网络不正当竞争行为的法律规制的现状、存在的问题、司法实践中法律适用的乱象与难点等问题进行分析和阐述，并结合网络不正当竞争纠纷的案例，探讨网络不正当竞争行为的主观构成要件和具体认定。

第五章，对国外网络不正当竞争行为的法律规制进行实证介绍，在第四章对我国网络不正当竞争行为的法律规制问题分析的基础上，对美国、德国以及欧盟在网络不正当竞争行为的法律规制方面的经验和做法进行了有针对性的借鉴分析，通过分析我国 1993 年《反不正当竞争法》在适用于网络环境时表现出的诸多问题和弊端，探讨对我国规制网络不正当竞争行为的经验启示。

第六章，提出对我国网络不正当竞争行为的立法完善建议。在对我国网络不正当竞争行为的法律规制问题分析和对国外网络不正当竞争行为的有效经验借鉴的基础上，从网络不正当竞争行为的立法定位、立法模式、法律责任等方面，提出我国网络不正当竞争行为的立法完善建议，对我国网络不正当竞争行为的法律规制的制度创新提出有针对性的解决思路。

最后一章，是本书的结语部分，提出要立足我国规制网络不正当竞争行为的现状，对我国现有的 2017 年《反不正当竞争法》提出不断进行完善的建议。建议逐步完善修改相关配套法律法规，并对基于网络违背诚实信用、公平竞争原则的不正当竞争行为，使用"互联网专条"处理法律争议，在加大查处网络不正当竞争行为同时，通过建立行业自律和网络平台经营主体自觉抵制不正当竞争行为等措施来进行有效的规制。

目 录
Contents

第 1 章
绪　论

随着网络的普及和相关技术的发展，以移动网络、云计算、大数据、物联网为代表的新一代信息通信技术的出现和普及，推动并开创了网络发展的新时代。随着"互联网+"行动计划的全面推进，实现了劳动、知识、技术、资本等生产生活要素的最低成本聚集和最大化利用，催生了新供给，释放出新需求，绽放出新活力，同时也带来了行业竞争、网络安全、个人信息保护等一系列问题。

有市场必有竞争，有竞争的地方必然伴随着不正当竞争行为。[①]网络的市场参与者为了抢占先机，不择手段抢夺网络资源，公然违背诚实信用的商业道德和商业惯例，各种花样翻新的网络不正当竞争行为层出不穷。[②]网络越来越深入地参与到市场经济竞争中，也使得网络不正当竞争行为大量涌现，近年来，不正当竞争案件大幅增加，根据 2016 年 3 月 18 日最高人民法院研究室发布的《2015 年全国法院审判执行情况》通报，2015 年全国新增受理不正当竞争案件 2 181 件，同比上升 53.38%；审结 1 802 件，同比上升 32.99%。[③]无论是行政执法还是司法审判，涉及网络的不正当竞争行为都已经占据了不正当竞争行为的绝大比例。基于对北京地区自 2013 年 1 月至 2016 年 12 月受理的不正当

① 金莲花. 论网络环境中不正当竞争行为的法律规制. 硕士学位论文，延边大学，2020.

② 王璐. 网络不正当竞争行为法律规制研究. 硕士学位论文，西南政法大学，2010.

③ 最高人民法院研究室. 2015 年全国法院审判执行情况. http://www.court.gov.cn/fabu-xiangqing-18362.html，2017-01-07.

竞争纠纷的统计分析，此期间共受理不正当竞争案件 1 192 件，其中涉及网络的不正当竞争案件为 619 件，占到总体的 52%。①涉及网络的不正当竞争纠纷案件不仅呈现出数量多、类型新、案情较复杂、审理难度大的特点，也因为多数案件涉及新型商业模式合法性的判断、行业规则的建立等，引发行业广泛关注，从而产生了较大的社会影响力。涉及网络的不正当竞争纠纷案件，在案件事实的认定和法律适用的选择上，均与传统不正当竞争案件存在较大差异，审判难度加大，裁判标准亦存在不相统一的情形。因此，用法律的手段对网络不正当竞争行为进行适度的规制是非常必要的。②

自 1993 年《中华人民共和国反不正当竞争法》(以下简称《反不正当竞争法》)实施，至 2018 年新修订的《反不正当竞争法》正式实施，时间跨越了整整 25 年。③在《反不正当竞争法》制定和实施之初，我国刚刚开始建立社会主义市场经济体制。在这 25 年期间，当时制定法律所依据的社会经济状况都发生了极为广泛而深刻的变化，这部法律显然已经无法直接用来规制网络行业中出现的新型企业竞争行为，表现出法律空白点多、条款缺失、行政执法分散、执法标准不统一、法律责任制度不完善、处罚力度较弱等问题。随着网络不正当竞争行为已成为网络经营者间不正当竞争的主要矛盾及焦点，2017 年 11 月 4 日，1993 年《反不正当竞争法》的修订获得通过，并于 2018 年 1 月 1 日起正式实施。新修订的 2017 年《反不正当竞争法》增加了"互联网专条"，规定了网络不正当竞争行为的具体类型，多年来争议不断的网络不正当竞争行为正式被纳入法律规制的范畴。

随着网络的快速发展，网络不正当竞争行为必将越来越多。④在 2017 年《反不正当竞争法》颁布实施以前，人民法院在审理网络不正当竞争案件时，一般通过适用《反不正当竞争法》第 2 条第 1 款的原则规定来认定，主要考虑行为人是否遵守了"诚实信用原则和公认商业道德"。一般条款具有很宽松的外延性，属于原则性的规定，不具有针对性的特征。因此，在《反不正当竞争法》中增加规定网络不正当竞争行为确有其必要性，以调控网络空间的不正当竞争行

---

① 相关数据摘录于《北京市高级人民法院关于"反不正当竞争法"实施情况的调研报告》，执笔人北京高院知识产权庭蒋强，报告完成时间：2017 年 2 月。

② 刘平. 网络环境下不正当竞争行为的法律规制. 商业文化（上半月），2012，5.

③ 杨柏勇. 利用网络进行不正当竞争的几个法律问题. 电子知识产权，2001，1.

④ 张士元，杨微. 论网络环境中对不正当竞争行为的法律规制. 安徽大学法律评论，2006，7.

为，保障网络环境下的市场公平竞争、经营者和消费者的合法权益。①

2019 年 2 月 28 日，中国互联网络信息中心发布了第 43 次《中国互联网络发展状况统计报告》。截至 2018 年 12 月，中国网民的规模达到了 8.29 亿，全年新增网民的数量是 5 653 万，互联网的普及率是 59.6%，较 2017 年底提升了 3.8 个百分点；中国手机网民的规模达到了 8.17 亿，全年新增手机网民的数量是 6 433 万。截至 2018 年 12 月，我国即时通信用户规模达 7.92 亿，网络新闻用户规模达 6.75 亿，网络购物用户规模达 6.10 亿，网上外卖用户规模达 4.06 亿，网络支付用户规模达 6.00 亿，网络视频用户规模达 6.12 亿，短视频用户规模达 6.48 亿。2018 年，移动互联网接入流量消费达 711.1 亿 GB，较 2017 年底增长 189.1%。截至 2018 年 12 月，我国网民使用手机上网的比例达 98.6%。我国网民规模继续保持平稳增长，互联网模式不断创新、线上线下服务融合加速以及公共服务线上发展步伐加快，成为网民规模增长的推动力。"互联网+"时代的到来，为电子商务的发展开辟了新的趋势和未来。基于"网络"发展的人口规模与经济规模，依托该特定经营领域的竞争活动必然呈现高发态势。如何有效地建立科学、有序、健康、和谐的"网络"竞争环境，是我国未来的经济发展中一项待解决的重点任务。因此，制定针对该特定领域中竞争行为的有效规制，对我国经济发展的现状与未来而言，具有现实的客观必要性。"网络"灵活的营销策略等都增加了该领域竞争表现形式的不确定性。迭代更新、多元齐放、自由无序等描绘"网络"环境下的技术、模式变革的新名词不断涌现。网络时代从传统的台式机上网，到移动终端上网，从单一网络，到"三网融合"，从单一产品提供，到聚合平台，等等，网络技术的发展速度超乎了人们的想象。在技术不断革新的时代，商业的经营模式也必然为了适应科技的发展，而随之进行变革，由此产生了许多新的竞争模式。

1.1 研 究 主 题

网络技术的飞速发展和普及，互联网迅速成为新兴的热门市场。有市场就

---

① 张士元，杨微. 论网络环境中对不正当竞争行为的法律规制. 安徽大学法律评论，2006，7.

有竞争，网络市场的竞争激烈程度丝毫不亚于传统市场。网络不正当竞争行为是公然违背诚实信用原则，同样是非法谋取不正当的市场竞争利益的行为。我国《反不正当竞争法》概括列举的传统不正当竞争行为的类型在网络环境同样会发生，并且在网络同时还会出现带有网络新技术特征的不正当竞争行为，如网络域名侵权、网页侵权、链接侵权等。①现有的《反不正当竞争法》的法律体系，在面对网络层出不穷、花样不断翻新的不正当竞争问题时，显得立法供给不足。法律的滞后、网络技术的隐蔽和高门槛、侵权认定的难以把控，导致网络的不正当竞争纠纷问题愈演愈烈。①不断完善对网络不正当竞争行为的立法供给成为网络时代面临的一个重要课题。面对高速发展的互联网，法律难免有滞后性的问题，同时，法律也无法预料和规制所有会发生的问题与纠纷。这一方面需要不断完善立法，补全法律漏洞，另一方面就要靠执法者与法官利用现有的法律与自己的智慧去解决，需要正确地理解和适用法条的本质，更要能通过司法实践的具体案件洞察其核心的本质。网络不正当竞争行为，只是一种新的方式的利用，本质仍是传统的不正当竞争行为。同时，法官也要正确使用一些漏洞填补的方法，如目的论扩张与目的论限缩，这也就给法官与执法者带来了更大的挑战。

本书的研究目的是通过对网络不正当竞争行为纠纷引发的法律问题进行分析，为我国有效规制网络不正当竞争行为提供立法完善建议。重点对新出现的网络不正当竞争行为进行研究。

1.1.1 法院提出安全软件竞争规则

近年来，安全软件继续引发不正当竞争行为频发，法院通过审理案件明确了安全软件的竞争规则。"百度公司诉360公司插标案"，一审法院经审理认为，360公司在百度搜索结果页面上的插标行为和在网址导航网站修改下拉提示词、劫持流量的相关行为构成不正当竞争。随后，该案上诉至北京市高级人民法院，北京市高级人民法院明确提出了"非公益必要不干预原则"。②该原则可以概括为：第一，不得干扰其他软件正常运行；第二，如需干扰，必须出于公

---

① 杨微. 关于网络环境中不正当竞争行为法律规制的研究. 硕士学位论文，北方工业大学，2006.

② 陶鑫良. 非公益必要不干扰原则与反不正当竞争法一般条款适用. 电子知识产权，2015，3.

益之目的，如查杀病毒等[①]；第三，实施干扰的一方要对自己行为的"公益性"承担举证责任，否则就要面临败诉的风险。[②]

2015 年，北京市第二中级人民法院在"搜狗公司诉 360 公司不正当竞争案"二审审理中提出，安全软件的"一视同仁原则"。法院经审理认为，360 公司作为安全服务企业，同时经营非安全类终端浏览器软件，导致其既是裁判者又是浏览器的竞争者。[③]因此，360 公司在以安全服务企业身份对他人产品作出评判和监督的情况下，也要对自身产品施以同样的审查标准进行提示及监控，对此，360 公司应当做到一视同仁，并不得以安全服务企业自居来代替用户作出选择。

1.1.2 广告遭遇屏蔽，明确"技术中立"适用原则

现在网络行业通用的、合法的商业模式是在提供免费服务的产品平台上开展营利性的广告业务和其他增值服务业务。2014 年至 2015 年，广告屏蔽不正当竞争行为较为突出，先后引发了一系列不正当竞争纠纷。

2014 年，遨游公司推出了其带有视频广告快进功能的浏览器，遭到其他网络企业的抵制，认为其行为构成不正当竞争。同年，在"爱奇艺公司诉极科极客公司不正当竞争案"[④]中，极科极客公司开发、上传、推荐并诱导用户安装"屏蔽视频广告"插件，法院认为极科极客公司直接干预了爱奇艺公司的经营行为，并超出正当竞争的合理限度，构成不正当竞争。此外，在"猎豹公司诉优酷公司不正当竞争案"[⑤]中，北京市第一中级人民法院对"技术中立"原则做了进一步的适用解释，认为对于该原则的理解，要区分"技术本身"与对技术的"使用行为"。"技术中立"是指"技术本身"的中立，而非对技术的"使用行为"的中立。如果经营者在使用技术的行为过程中有不正当竞争的行为，侵犯了其他经营者的合法权利，依然要承担相应的法律责任。[⑥]在司法实践中，各级人民法院针对视频广告过滤屏蔽类案件往往采取如下裁判路径：第一步，

---

① 张亚洲. 浅议计算机互联网不正当竞争案件中最小特权原则的适用. 中国发明与专利，2015，11.

② 陶鑫良. 非公益必要不干扰原则与反不正当竞争法一般条款适用. 电子知识产权，2015，3.

③ 国内简讯. 电子知识产权，2015，2.

④ 上海市杨浦区人民法院民事判决书（2015）杨民三（知）初字第 1 号。

⑤ 北京市海淀区人民法院民事判决书（2013）海民初字第 13155 号.

⑥ 周樨平. 反不正当竞争法一般条款具体化研究. 博士学位论文，南京大学，2013.

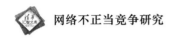

判定视频网站和广告过滤软件提供者之间是否具有竞争关系；第二步，判断广告过滤行为是否具备不正当性。

1.1.3　内容聚合产品不正当竞争

近年来，网络内容聚合产品发展迅猛，这类内容聚合产品利用各家内容网站的资源，为自己获得海量用户和流量，并通过广告为自己获得利益，内容聚合成为近年来网络行业快速发展的一类产品。

在"爱奇艺公司诉深圳聚网视公司不正当竞争案"中，法院认为，被告深圳聚网视公司"VST全聚合"软件，以技术手段绕开原告爱奇艺公司片前广告，直接播放正片，构成不正当竞争。被告深圳聚网视公司开发的"VST全聚合"软件绕开广告直接播放正片的行为，直接干预并严重损害原告爱奇艺公司的正当经营，被告深圳聚网视公司还在其网站上对该软件进行宣传推广，具有明显的侵权故意。被告深圳聚网视公司无须支付版权费用、带宽成本即能使部分不愿意支付原告爱奇艺公司会员费的网络用户转而使用"VST全聚合"软件，挤占原告爱奇艺公司的市场份额，不正当地取得竞争优势，势必将造成原告爱奇艺公司的广告费以及会员费收入减少，危及原告爱奇艺公司的正常经营，攫取了原告爱奇艺公司合法的商业利益。

在规范网络内容聚合产品不正当竞争行为时，也面临着种种挑战。违法成本低廉，导致网络内容聚合产品分流内容网站流量的现象愈演愈烈，虽然权利方多次警告网络内容聚合产品软件管理方涉嫌侵权，但后者并没有及时停止侵权，甚至还拒不配合进行下线处理。

1.1.4　比价软件引发不正当竞争

2015年10月26日，在"双十一"前夕，上海市浦东新区人民法院发出诉前禁令，责令"帮5买"网站（www.b5m.com）立即停止以"帮5淘"插件嵌入淘宝网和天猫商城页面、窃取淘宝网和天猫商城流量的行为。淘宝网和天猫商城方面认为，用户电脑只要装上"帮5淘"，在使用IE、百度、搜狗等浏览器登录天猫商城时，"帮5淘"插件就会自动嵌入天猫商城页面，并在天猫商城页面中出现"帮5买"的广告栏和搜索栏。用户一旦点击，网页就会自动跳转到"帮5买"网站界面，在用户没有察觉的情况下诱导下一步操作。法院据此认为，被告的行为有可能构成不正当竞争，如不及时制止被告的这一行为，将给原告造成难以弥补的损害。这是新《中华人民共和国民事诉讼法》实施后，全国首例针对流量劫持的不正当竞争行为发出的诉前禁令。针对淘宝网和天猫商城的诉讼，2016 年 3 月，另一比价软件厂商"聪明狗"公司，因认为淘宝网和天猫商城对"购物党"比价软件采取屏蔽的行为构成不正当竞争，因此诉至法院，要求被告淘宝网和天猫商城立即停止其不正当竞争的行为。比价插件嵌入原网页向第三方导流是否构成不正当竞争，有必要分析提供比价插件行为带来的网络市场竞争问题，在电商网站与比价插件开发公司的众多侵权纠纷中，尤其是对比价插件的网络不正当竞争分析中，需要对其网络不正当竞争行为进行全面检验分析，综合考虑分析比价插件开发公司行为的正当性和社会效果。①在具体案件中，比价插件的功能具有差异性，提供的比价插件不同会对结果的认定产生重要影响。面对网络竞争行为日趋技术化、利益复杂化的特点，法院对判断竞争行为正当性的模式和方法进行了调整，从利益关系上考量竞争行为对竞争者利益、消费者利益和社会公共利益的影响；从方法上运用道德评价、比例原则、竞争效果评估等方法；从规则上引入行业规范和自律公约，将商业道德、行业惯例客观化，从多个角度对竞争行为的正当性进行检验。

1.1.5 输入法分流搜索引擎流量

通过输入法搜索关键词分流其他浏览器流量也是近年来一种典型的网络不正当竞争行为。在"百度公司诉搜狗公司案"中，搜狗公司将三级火箭模式（利用输入法优势带动浏览器装机量，再通过浏览器带动搜狗搜索，继而通过搜狗搜索的竞价排名盈利）升级为两级火箭模式（在输入法软件中增加搜索插件，当用户使用输入法时可以直接进入搜狗搜索，进而拉动竞价排名的收入）。②当用户使用搜狗输入法在百度搜索框中输入关键词时，输入法的下拉提示词会诱导用户进入搜狗搜索。②在该案中，北京市海淀区人民法院一审判决搜狗公司败诉，法院认为搜狗公司主观上明知或应知百度搜索引擎下拉提示词的显示方式，却不加避免，采取了与之相似的搜索候选呈现形式，主观上具有过错；客观上搜狗输入法在用户事先选定百度搜索的情况下，先于百度公司以类似搜索下拉列表的方式提供搜索候选，实则是利用搜狗输入法在搜索引擎使用中的工具地位，借助用户已经形成的百度搜索使用习惯，诱导用户在不知情

---

① 孟春婷，唐伟. 提供比价插件行为的法律问题探析. 电子知识产权，2017，7.
② 北京市海淀区人民法院民事判决书（2015）海民（知）初字第 4135 号。

的情况下点击候选词进入搜狗搜索结果页面，造成用户对搜索服务来源混淆的可能，不当争夺商业机会，同时减少了百度搜索引擎的商业机会，其行为构成不正当竞争。法院在该案审理中除了考虑是否对其他经营者的经营利益造成损失之外，还考虑到了用户的使用习惯、心理预期、用户的知情权和选择权，对于使用用户应尽到事先、充分、明确的提示与说明义务，从而维护消费者的合法权益。[①]

1.1.6　网络游戏寻求《反不正当竞争法》保护

在 2014 年的"暴雪公司诉上海游易网络科技有限公司案"[②]中，上海市第一中级人民法院认为，原告暴雪公司创造的游戏《炉石传说：魔兽英雄传》中虽然其规则无法受到《中华人民共和国著作权法》（以下简称《著作权法》）的保护，但是原告暴雪公司的创造性劳动成果应依法得到保护，被告上海游易网络科技有限公司不是通过自己合法的智力劳动参与游戏行业的竞争，而是通过不正当的抄袭手段将他人的智力成果占为己有，违反了公平、平等、诚实、信用等商业道德，是一种不正当的竞争行为。对于尚不能通过《著作权法》给予保护的网络游戏规则，通过《反不正当竞争法》寻求给予法律保护，是维护他人合法的智力劳动成果和遵守商业道德的体现。[③]此外，在"耀宇诉斗鱼不正当竞争案"[④]中，被告在明知的情况下，向用户提供涉案赛事的部分场次比赛的视频直播，被告虽然是从旁观者观战功能中取得比赛画面，未使用原告的直播内容，但视频仍然来自原告取得独家授权的涉案游戏，被告的行为侵害了原告独家转播权益，分流了原本属于原告的市场，构成不正当竞争，是传统的不正当竞争行为在游戏领域的具体体现。

1.1.7　手机厂商对应用商店的排斥

近年来，众多手机厂商纷纷将应用商店运营权回收，甚至还有部分厂商采取了凭借底层系统优势，悄悄对第三方应用商店实行"禁限令"的举措。一般来说，APP（手机软件）都是搭载在底层架构上的应用层，这意味着 APP 要受

[①] 法制网. 百度状告搜狗不正当竞争获支持. http://www.legaldail，2018-03-25.
[②] 上海市第一中级人民法院民事判决书（2014）沪一中民五（知）初字第 22 号。
[③] 曾弘毅. 论反不正当竞争法对知识产权的保护. 硕士学位论文，广西师范大学，2013.
[④] 上海市浦东新区人民法院民事判决书（2015）浦民三（知）初字第 191 号。

到底层系统架构的管理；目前国内手机厂商纷纷推出自主 ROM（只读存储器），也就有了更多的权限。①被视为移动互联网最重要入口的应用商店，已经成为众人眼中的"必争之地"。如小米手机对其他应用商店的排斥行为引发了各公司的强烈反应。当用户在小米手机上使用应用宝等第三方应用商店下载 APP时，会遭到小米手机的"应用安全提醒"，小米手机希望以庞大的用户量倒逼手机用户作出选择。此外，由手机硬件厂商与手机软件厂商之间引发的诉讼案件也开始出现。2016 年，小米公司起诉 360 公司将雷电 OS 系统伪装成手机操作系统诱导消费者安装，但是消费者在安装之后却导致小米手机无法正常使用。同时，360 公司起诉小米公司，称小米公司通过终端利用不同版本的 MIUI操作系统针对 360 手机助手等软件实施了一系列的不正当竞争行为。手机厂商看中的是网络企业的运营能力，而网络企业可以通过手机厂商的分发能力将自己的 APP 分发出去。可见，网络领域的不正当竞争行为已经突破了相同行业领域的局限，向软件运营商和硬件经营者之间的竞争发展。②近年来，手机自带应用商店和第三方应用商店的竞争日趋激烈，竞争与合作并存，这或许是未来很长一段时间内手机厂商与第三方应用商店的共存之道。③

1.2　研　究　意　义

网络技术的进步和相关法律的健全完善是辩证统一的关系，一方面，网络经济活动需要法律予以确认、维护和规范。因为今天的网络经济活动已经不单是技术和经济问题，更是与制度、文化、道德等密切相关的社会问题。④另一方面，如果对已有的法律调整不当，则可能会损害网络经济的发展，甚至损害网络技术的应用与进步。因此，对这个问题的研究，不仅有助于解决现实生活中新出现的纷繁复杂的法律个案，而且具有面向未来的深远理论意义。本书对网络不正当竞争行为的研究，将有利于解决网络不断出现的各种类型的不正当

---

① 雷锋网. 应用市场之争：平静背后的暗流涌动. http://www.leiphone，2018-02-09.

② 姚瑶. 论网络环境下《反不正当竞争法》中的竞争关系. 法制与社会，2018，8.

③ 刘平. 网络环境下不正当竞争行为的法律规制. 商业文化（上半月），2012，5.

④ 杨微. 关于网络环境中不正当竞争行为法律规制的研究. 硕士学位论文，北方工业大学，2006.

竞争纠纷案件，维护公平竞争的市场经营秩序。本书研究的理论意义还在于探寻网络环境下不正当竞争行为的本质特征，探讨网络环境下不正当竞争行为的类型化、行为构成、法律认定、法律规制和法律救济等[1]，探究网络环境下不正当竞争行为的法律适用、法律制度建设的理论依据。

1.2.1　维护公平竞争秩序

保护经营者、消费者的合法权益是维护公平竞争秩序的内在要求。[2]我国《反不正当竞争法》以维护公平竞争秩序为首要目的，同时兼顾保护经营者、消费者的合法权益。例如，引人误解的商品宣传行为足以使相关公众产生误解而非实际已经产生误解为构成要件，主管机关可以通过责令停止违法行为、消除影响、处以罚款等方式追究行为人的法律责任。这是因为，虚假商品宣传等行为虽然不一定损害经营者或消费者的合法权益，却已经违背了诚实信用的原则和公平竞争的根本原则。[3]从我国《反不正当竞争法》的具体规定，行政机关和司法机关共同执法的制度，民事责任、刑事责任、行政责任多种法律责任组成的综合性责任体系中可以看出，我国《反不正当竞争法》不仅保护经营者和消费者的私人利益，同时特别强调现代国家作为公权力代表维护市场公平竞争秩序的职责，体现出这部法律对以公平竞争秩序为内容的公共利益的保护。

在各国的反不正当竞争行为纠纷的司法与实践中，对于垄断协议的认定，逐渐概括出本身违法原则与合理原则。本身违法原则是指当出现法律规定的相关事实与行为，那么就可以判定其违法。而合理原则并不局限于垄断协议本身，更多地考虑到其所造成的结果，如对竞争与效率的影响。在我国，并没有明确提出这两个原则的条款，但是在《中华人民共和国反垄断法》（以下简称《反垄断法》）第13条等相关条文中，对垄断行为作出了具体的禁止性规定，而未提及行为的具体情况与后果，这就属于本身违法原则的体现，"存在即违法"。与此同时，在《反垄断法》第15条关于垄断协议豁免的规定中，有对于部分不会严重限制市场竞争，并且能够使消费者获益的协议的豁免，在《反价格垄

---

[1] 刘平. 网络环境下不正当竞争行为的法律规制. 商业文化（上半月），2012，5.

[2] 杨微. 关于网络环境中不正当竞争行为法律规制的研究. 硕士学位论文，北方工业大学，2006.

[3] 金莲花. 论网络环境中不正当竞争行为的法律规制. 硕士学位论文，延边大学，2012.

断规定》第 6 条也提及"认定协同行为还应考虑市场结构和市场变化等情况",
这些都可以看到合理原则的身影。横向垄断协议,其主体要求要有两个或者两
个以上的具有竞争关系的经营者来实施垄断行为,而在横向垄断协议中还要求
经营者生产或者销售同类产品或者提供同类服务,其中行业协会的垄断就是典
型。在行业协会中,天然地就聚集了大量的同行业经营者,有稳定的组织架构,
多是联合行动,因此往往成为滋生垄断行为的温床。横向垄断协议的主观要件
是指经营者在实施垄断行为时的主观意图或者心理状态,这里要求达到故意,
包括直接故意与间接故意,对于人的主观心理的判断,往往是极为困难的,因
此需要辅以客观的行为标准来进行判断。例如各经营者签订的垄断协议带有明
显会造成排除限制竞争后果的条款,那么往往就推定签订协议的各方具有主观
故意。横向垄断协议中的客体是指垄断协议所侵害的自由、公正、有效的市场
秩序,同时它也侵害到了其他经营者与消费者的合法利益,最终破坏了整个市
场环境。横向垄断协议客观要件主要可以分为达成要件、实施要件与结果要件
三个方面。具体来说,就是具有竞争关系的经营者之间达成了横向垄断协议并
且实施了上述协议造成了损害市场秩序的结果。但是在我国,并不要求已经实
际实施了行为或者已经造成了某种后果,因为只要达成横向垄断协议,即可推
定存在限制竞争的可能,本身即违法。或许得益于监督与惩罚机制的建立,在
我国达成垄断协议即违法,只是责任相对于实施垄断协议较轻。《反垄断法》
第 46 条中规定,如果尚未实施垄断协议,可以处 50 万元以下的罚款。因此,
首先是调查是否达成垄断协议,其次是调查是否执行垄断协议。而这里的未严
格执行,包括两种情况:一是部分严格执行,其他部分未严格执行;二是完全
未严格执行。按照通常的理解,如果产品并未执行垄断协议的内容,那么在处
罚时,应当不予计算或者从销售额中扣除。但是笔者认为,这里对于未执行垄
断协议内容产品的判定,特别是部分未执行的情况,需要遵循的准则并不是垄
断协议,而应是其他产品的销售是否起到了排除、限制竞争的效果。因为企业
所面对的并不是完全"一刀切"的市场,可能基于特定的市场环境、主观意图
等因素的考量,部分产品不会严格依照垄断协议销售,会以比约定价格更高或
更低,甚至是以原先价格或者更低价格进行销售,但如果出现了排除、限制竞
争的后果,那么还是属于执行了垄断协议,这里不应将未严格执行停留在字面
理解上。纵使是价格异常的飙升,也能够给出"合理"的解释,这也从侧面表
现出了网络不正当竞争行为的隐蔽性。同时,垄断协议在各企业的制衡中追求

的是集体利益的最大化，两者往往是存在差距的，实际上可以以是否达到企业最大化利益为标准来判断。

1.2.2　保护经营者和消费者的合法权益

我国《反不正当竞争法》通过有效规制各种不正当竞争的行为，其最终所要达到的效果是保护经营者和消费者的合法权益。从法、德、英等国家早期的反不正当竞争法律制度发展史来看，《反不正当竞争法》立法的最初目的就是保护经营者和消费者的自身合法权益，针对不正当竞争行为。不正当竞争行为人不惜违反诚实信用原则和违背商业道德，冒天下之大不韪，其目的无非是想在竞争中排挤其他竞争对手，在市场竞争中获得竞争优势。竞争永远是发生在两个或两个以上的经营者之间的，不公平的竞争行为通常都会使诚实经营者蒙受损失，至少危及人们对诚实经营的信念，最终也会危害到消费者的合法权益。所以应将保护经营者和消费者的合法权益作为反不正当竞争法的立法目的之一。

（1）消费者利益。在《反不正当竞争法》明确保护消费者利益的立法目的下，网络经营主体经常以消费者利益作为抗辩事由，以期法院从利益平衡的角度认定其行为的正当性。不可否认，广告过滤软件能够提升用户的观影体验，满足用户免受广告打扰的需求。但是，在进行利益衡量时，必须明确《反不正当竞争法》所保护的消费者权益，并非单个消费者的利益，也不是部分消费者的利益，而是全体消费者共同、长期、稳定的利益。[1]站在视频网站的角度，当其广告收益因过滤软件而损失，其或将改变现有商业模式转为"会员制"，或因资金不足放弃购置优质影视作品，不论哪一种做法都将有损消费者利益。二审法院引用的经济学报告也证实，放开广告过滤行为确实会降低社会总福利。不过在比较法视野下，我国法院与德国法院在审判结果上大相径庭。AdBlock 和 AdBlock Plus 是德国知名的广告屏蔽软件，其开发公司因该款软件被多次诉至法庭，德国两个地区的高级法院均判定该软件不构成侵权。[2]德国AdBlock 软件除了黑名单外，还设有白名单，且其针对对象不仅是视频前广告还包含其他广告，故德国法院的审判结果，对我国来说是否具有参酌价值还有

---

① 冯晓青,陈东辉. 浏览器屏蔽视频网站广告行为性质研究——关于深圳市某计算机系统有限公司诉北京某科技有限责任公司不正当竞争纠纷案的思考. 河北法学, 2018, 5：42.

② Landgericht Hamburg[LG] [Hamburg Court of First Instance], Case. No. 416 HKO 159/14, p.5 (April 21, 2015); BGH,Urteil v. 24.06.2004, Az I ZR 26/02; OberlandesgerichtMunchen[OLG] [Munich Court of First Instance], (August 17, 2017).

待商榷。不过，有学者通过分析该案件提出，法院不应以保护长远利益为由否认具体的正当利益诉求。[①]

（2）消费者自由选择权。"消费者自由选择权"作为消费者利益的一种表现，也经常伴随在被告提出"技术中立"抗辩之后。根据我国司法实践，法院普遍认为消费者能自由选择是否使用广告过滤软件并不意味其技术具备中立性，仍需要探究技术背后的主观目的及行为后果。另外，虽然消费者的自主选择不受妨碍是消费者利益保护的重要内容，但这并不意味着维护消费者权利就可以损害其他经营者的利益。我们应该明确的是，当前法院适用《反不正当竞争法》第 2 条解决视频广告纠纷，系属法律没有明文规定下的"不得已而为之"。对于此类行为的定性分析仍存在较大争议，虽然法院的裁判结果呈现一边倒的局面，但值得商榷的地方还有很多。"一刀切"地将视频广告过滤行为认定为一种主动采取措施直接干涉、插手他人经营的行为，并以此认定该行为侵权并不妥当。《反不正当竞争法》第 2 条在该类案件的适用上显然缺乏指导价值，特别是，为了证明该行为的不正当性，北京知识产权法院甚至还援引经济学分析报告作为评判依据。由是，在 2017 年《反不正当竞争法》修订后，能否借助"互联网专条"对该行为进行规制，而不再扩张适用一般条款？在"互联网专条"下对该行为又应当如何评价？是否有简单且易于操作的法律评价方法？仍然值得斟酌。

1.3 研 究 方 法

本书主要运用法律概念分析、分类研究、法学理论分析、比较研究、案例分析和数据统计分析等方法，围绕网络不正当竞争行为的现象及由此引出的法律纠纷问题展开研究。

法律概念分析方法是本书贯穿全文使用的方法。如在本书的第 2 章"网络不正当竞争行为概述"中就集中运用法律概念分析的方法，论述从网络不正当竞争行为的概念、特征到网络不正当竞争行为的成因；从网络不正当竞争行为

---

① 张飞虎.《德国反不正当竞争法》视角下广告屏蔽软件的合法性问题. 电子知识产权，2018，7：56.

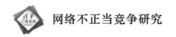

的现状、表现到网络不正当竞争行为的法律问题产生；等等。

分类研究法是按照一定的分类标准，根据研究对象的共性和差异，将研究对象划分为不同种类的研究方法。本书使用分类研究的方法，对网络出现的新型不正当竞争行为的种类进行归类研究，并在此基础上，将网络出现的新型不正当竞争行为类型化特征概括，力争形成一般的规范性行为。网络不正当竞争行为的类型化概括和研究，是规制层出不穷、花样翻新的网络不正当竞争行为的基础。

法学理论分析法是指运用法律原理、概念、原则对法律事实进行分析与论证，通过法学理论分析能够厘清各种错综复杂的法律关系，确定各自的权利义务，明确各方的法律责任。本书通过运用法学理论分析的研究方法，对网络不正当竞争行为进行学理分析，明确认定网络不正当竞争行为构成要件的理论依据，探讨网络不正当竞争行为的认定方法和具体立法依据。

比较研究法是将网络出现的新的不正当竞争行为与传统的不正当竞争行为进行比较分析，准确找出两者的相同点和不同点。

案例分析法，本书中大量地收集了近年来随着网络的普及和发展，在司法实践中出现的网络不正当竞争案件，对案件进行详细呈现，充分展现了法院的判决和说理，并进行了相应的分类，为本书的研究提供了翔实的实践依据。

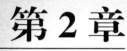

第2章
网络不正当
竞争行为概述

市场经济是竞争的经济，竞争机制是优化资源配置的手段。随着社会主义市场经济的确立，我国于1993年出台了《反不正当竞争法》。随着互联网尤其是移动互联网技术的快速发展，互联网产业正悄然地改变着我们人类的社会生活，在人类的生产和社会生活中扮演着越来越重要的角色，越来越多的发生在网络的不正当竞争行为频繁地浮现于大众视野，并且网络不正当竞争行为也明显不同于我们"传统"认识的各种不正当竞争行为。

由于"互联网+"政策的带动，为进一步拓展商业资源、满足市场竞争需求以及开发多领域业务，各行各业纷纷挤上互联网这趟时代快车，迈入发展的新阶段。然而，在分"互联网"这杯羹的同时，竞争手段与竞争方式也呈现多样化形态，各个经营者之间也开始利用互联网这一媒介进行不正当竞争，垄断相关资源。而中国网络的不正当竞争的法律规制的脚步较为缓慢，缺少专门对此研究的著作，导致长时间以来针对网络环境的不正当竞争行为，行政和司法机关都遇到了无明确法条予以引用的窘境，司法判决更是各行其是，没有统一的口径，国家立法与实践的步伐明显表现出较严重的不一致性。法院过度依赖1993年《反不正当竞争法》第2条一般条款裁判案件，当事人对这样的结果往往异议较多，难以达到良好的社会效果。在中国互联网技术发展迅猛的势头下，社会公众对1993年《反不正当竞争法》越来越多地持不同的诟病态度。为适应市场经济中各种新型的、复杂的不正当竞争行为，2017年11月4日，《反不正当竞争法》在多年的争议声中迎来第一次修订，新增了网络的不正当竞争条款，明确列举三种网络特有的不正当竞争行为，新增设"互联网专条"，即2017

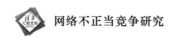

年《反不正当竞争法》第 12 条，这是我国反不正当竞争法在立法上的一次巨大进步，为建设和谐、有序、自由、平等的网络竞争秩序提供了司法保障。①

2.1 网络不正当竞争行为概念及构成要件

2.1.1 网络不正当竞争行为的概念

1. 不正当竞争行为的一般概述

关于不正当竞争行为的概念如何来界定，世界各国并未形成一致的概念界定，世界各国的立法和相关的国际组织制定的国际公约也未对不正当竞争行为进行统一的概念界定。

德国《禁止不正当竞争法》规定，不正当竞争行为是在市场竞争中为竞争目的而采取的违反公平正义和善良风俗的行为。《保护工业产权巴黎公约》将不正当竞争行为界定为"在工商业活动中违反诚实的商业习惯的任何竞争行为"。②

因此，我们常常把不正当竞争行为界定为"以违背诚实信用和公平竞争商业惯例的手段从事市场交易的行为"。③我国《反不正当竞争法》第 2 条规定："本法所称的不正当竞争行为，是指经营者在生产经营活动中，违反本法规定，扰乱市场竞争秩序，损害其他经营者或者消费者的合法权益的行为。"④一句话，不正当竞争行为，即违反诚实信用的商业惯例和公序良俗的竞争行为。⑤

因此，对不正当竞争行为的概念界定，我们需要从以下三方面去阐释：一

---

① 王倩云. 互联网新型不正当竞争行为类型化分析——结合《反不正当竞争法》第 12 条. 民商法争鸣，2018，6.

② 张平.《反不正当竞争法》的一般条款及其适用——搜索引擎爬虫协议引发的思考. 法律适用，2013，3.

③ 钟明钊. 竞争法. 北京：法律出版社，2016：85.

④ 刘蓉.《反不正当竞争法》在知识产权保护方面所存问题. 中南民族大学学报（人文社会科学版），2005，4.

⑤ 常宇豪，陈慧慧，王旺. 网络环境中的不正当竞争行为及其规制——兼评《反不正当竞争法》第十二条. 辽宁教育行政学院学报，2019，1.

是不正当竞争行为是各类市场经营主体违反《反不正当竞争法》相关法律法规规定的具体行为；二是不正当竞争行为是各类市场经营主体扰乱正常的市场自由公平竞争的竞争秩序的行为；三是不正当竞争行为是损害其他市场经营者、社会消费者合法权益的行为。

2. 网络不正当竞争行为的界定

通过分析司法实践中的各种网络不正当竞争行为纠纷的案例，我们会发现网络不正当竞争行为与传统具体类型的不正当竞争行为在本质和内容上完全相同，二者只是在实施过程中存在具体的实施途径不同。因此，由于网络环境本身固有的特殊性，网络不正当竞争行为在表现形式、危害后果等方面与传统具体类型的不正当竞争行为存在较大的不同。[①]沿着这一思路，网络不正当竞争行为的特征可以概括如下。第一，网络不正当竞争行为是网络的各类经营主体违反《反不正当竞争法》的相关法律法规规定的行为，损害其他网络经营主体、网络消费者的合法权益[②]，扰乱公平公正的网络竞争秩序的行为。[③]第二，网络不正当竞争行为是网络的经营主体为获取网络竞争上的优势，以网络作为平台和传播渠道实施的违反公平公正的网络竞争秩序的行为。第三，网络不正当竞争行为与传统具体类型的不正当竞争行为在根本特征上是相同的，但网络不正当竞争行为的具体认定，因网络自身的原因，显得较为复杂和困难。第四，网络不正当竞争行为的具体认定，离不开我国《反不正当竞争法》相关法律、法规规定的基本原则。

2.1.2　网络不正当竞争行为的特点

网络不正当竞争行为的表现形式是多种多样的，具有互联网传播的固有属性，存在着行政监管的难题。

1. 网络不正当竞争行为的表现形式多种多样

随着网络的快速发展，网络不正当竞争行为的表现形式多种多样，花样不

---

① 常宇豪，陈慧慧，王旺. 网络环境中的不正当竞争行为及其规制——兼评《反不正当竞争法》第十二条. 辽宁教育行政学院学报，2019，1.

② 陈绍平. 注册商标侵权判定之难. 法人，2019，2.

③ 宋旭东. 论竞争关系在审理不正当竞争案件中的地位和作用. 知识产权，2011，10.

断翻新，既有与传统具体类型的不正当竞争行为类似的仿冒知名商家的网页设计、诋毁他人商誉的"刷差评"行为，也有具有网络技术特征的通过人为故意设置软件兼容障碍的强迫用户二选一的行为，更有设置深层链接以盗取他人网站信息内容的行为，等等。有利用网络平台进行不正当竞争的行为，如网络虚假宣传、网络商业混同、网络诋毁商誉、恶意域名抢注等行为；还有利用网络技术进行不正当竞争的行为如恶意软件不兼容的行为、恶意破坏他人网络产品和服务的行为、设置网络深层链接的行为、不合理设置 robots 协议的行为等。网络不正当竞争行为的表现形式多种多样、层出不穷，是传统类型的不正当竞争行为不能完全覆盖的。

2. 网络不正当竞争行为具有影响的广泛性

网络作为一种信息传播的媒介，具有传播速度快和传播范围广的特点。网络的这种特征决定了网络不正当竞争行为具有影响的广泛性。例如，一旦散布了某种虚假商业信息，其影响范围是十分广泛的。一些网络商誉诋毁、网络虚假宣传等利用网络平台进行的不正当竞争行为，其影响范围也是远远大于传统的不正当竞争行为。那些表现形式多种多样，利用网络技术进行的网络不正当竞争行为，其特征都是对访问流量端口的争夺，其核心目的是使其影响范围更大、更广。

3. 网络不正当竞争行为存在监管取证难的问题

网络不正当竞争行为要么是利用网络平台进行，要么是利用网络技术进行，在这种虚拟环境中发生的不正当竞争行为，其侵权行为因为网络固有的特性而表现出较强的隐蔽性，同时利用网络技术进行的网络不正当竞争行为存在较高的技术要求，网络经营主体与网络消费者往往很难发现和预防各种各样的网络不正当竞争行为。由于存在技术方面的障碍，同时这也给国家行政机关的调查取证带来巨大的困难。

2.1.3　网络不正当竞争行为构成要件之认定

1. 以"利益"为核心判断竞争关系

竞争关系的界定是不正当竞争纠纷案件审理的先决条件，竞争关系划定范围即为不正当竞争行为认定的边界。①新型网络环境下的竞争行为中的竞争关系愈来愈显现宽泛化、复杂化与国际化。界定竞争关系的有效路径是什么？是否市场经营者通过不正当行为增强自身竞争优势或破坏他人竞争利益即可被认定存在竞争关系？②竞争关系认定细化时应做扩大解释抑或做限缩解释？竞争关系的具体构成要件于不同竞争类型案件中是否具有一致性？

狭义竞争关系的认定是立法之初的盲点③，固化于传统商业竞争模式，未置于新型网络环境下竞争行为的考察。传统意义上多依据经营产品或服务的可替代性与市场份额比例等狭义竞争关系判断是否属于同类经营者，如根据是否属于同类产品或服务④、是否属于同行业⑤、是否针对相同用户群⑥、是否平等对待其他经营者等方法予以判断。

现代网络运行模式可分为基础网络服务免费、增值服务收费及广告服务收费三种模式。⑦三种模式中网络服务运营商的市场影响力与市场竞争优势取得之关键在于网络服务（免费或少数增值服务）的受众用户量以及用户使用频率。网络竞争中最易见的方式即为牟取更多用户数量与用户信息，竞争者间可能非属同行业，但同样可对其他经营者合法经营权形成侵害，不同种类网络商品服务经营者也可相互争夺特定、有限的网络市场资源，经营者之间是否存在直接的竞争关系或处于同一行业并非构成不正当竞争的要件。⑧其中的界限难以界定，故需对网络竞争案例进行系统类型化分析。如"360 公司诉腾讯公司案"

---

① 吕方. 加大知识产权司法保护的法律适用问题——最高人民法院民事审判第三庭庭长蒋志培访谈. 法律适用，2005，2.

② 叶明，陈耿华. 互联网不正当竞争案件中竞争关系认定的困境与进路. 西南政法大学学报，2015，2（1）：80.

③ 谢晓尧. 在经验和制度之间：不正当竞争司法案例类型化研究. 北京：法律出版社，2010，41.

④ "腾讯诉掌中无限不正当竞争案"北京市第一中级人民法院民事判决书（2006）一中民初字第 8569 号。

⑤ 北京市东城区人民法院民事判决书（2013）东民初字第 08310 号。

⑥ 北京市朝阳区人民法院民事判决书（2010）朝民初字第 37626 号。

⑦ 网络服务运营商主要通过提供免费的基础网络服务方式锁定用户，并采用向部分用户提供增值服务之方式，从而在互联网用户市场赚取利润，同时在推广运行过程中向逐渐增加的用户受众推介广告信息，吸引广告商从而在互联网广告市场赚取利润。另一种网络运营公司主要通过免费的基础网络服务增加用户数量、提高用户依赖度与信任度，增强公司知名度，以在资本市场进行融资。参见叶明、陈耿华. 互联网不正当竞争案件中竞争关系认定的困境与进路. 西南政法大学学报，2015，2（1）：81.

⑧ 最高人民法院民事裁定书（2014）民申字第 2000 号。

与"百度公司诉360公司案"中因双方具有共同的利益诉求，服务市场、用户范围、广告市场存在交叉重合性，故双方存在竞争法意义上的竞争利益。①根据《反不正当竞争法》的立法宗旨和立法目的，在将参与市场竞争的不特定主体纳入竞争保护范围时，便难以依据传统保护模式继续保护竞争市场中的多元化法益。

笔者认为，认定竞争关系的核心应当从"同类产品、服务、行业、用户群"转向以"利益"为核心的判断方式，在网络服务市场中，市场竞争关系范围之大难以直观估计，参与市场竞争之行为主体皆可能具有某种程度的竞争关系，若竞争行为通过不正当手段或途径影响消费者的决策，从而增强自己的竞争优势或损害他人的竞争优势，辅之以诚实信用与商业道德标准，即可被认定为不正当竞争行为。故现阶段竞争关系之认定原则上应以是否存在竞争利益为前提，而不限于同业竞争者，竞争利益主要体现为对客户群体、交易机会等市场资源的争夺。在对竞争关系进行比较宽泛的理解时，要对边界予以正当把握，寻求自由与公平之间的平衡交界点。在司法实践中，在对现有案例类型化结论整合的基础上，法官需要在竞争关系的广义与狭义中确定选用尺度，准确把握法律的功能定位，因此，在竞争关系的判断中应采取存在"利益此消彼长"的判断方式。②

2. 不正当性之判断应转至"市场效果"角度

将不正当性置于2017年《反不正当竞争法》中，应为"扰乱市场竞争秩序"与"损害其他经营者和消费者的合法权益"。法院面对新型的反不正当竞争案例，审判思路主要有以下两种：其一，将"诚实信用"进一步细化裁判实践规则，基础为界定何为特定领域公认的商业道德。学界与实务界多借助于特定商业领域既有规则，不存在可采用规则时，则主动运用法律解释学来界定商业领域竞争规则，随后在此基础上判断竞争行为是否违反商业道德。③其二，

---

① 北京市第二中级人民法院民事判决书（2011）二中民终字第12237号；北京市高级人民法院民事判决书（2013）高民终字第2352号。

② 北京市海淀区人民法院民事判决书（2014）海民初字第21694号，北京知识产权法院民事判决书（2015）京知民终字第79号，北京市海淀区人民法院民事判决书（2013）海民初字第13155号，湖南省长沙市中级人民法院民事判决书（2004）长中民三初字第221号。

③ 有学者主张应当明确诚实信用商业惯例在反不正当竞争行为中的核心地位. 参见谭俊. 论互联网行业不正当竞争的新特征及其法律规制. 电子知识产权，2014，10：42.

以竞争者利益之侵害为根本出发点来认定竞争行为的正当性,要素有三:被侵权企业享有合法权益;竞争行为已客观实施;竞争行为破坏他人经营或属不正当利用他人经营之行为。[①]聚焦于市场效果方面会促使其在考虑社会整体利益、维护竞争机制的前提下判断其是否对其他经营者的合法利益造成损失。网络的竞争主要通过低价甚至免费策略吸引用户,争夺用户注意力与用户安装基础,在用户信任度数值达到某一界点时,再通过广告或增值服务获取收益,故而竞争行为对于经营者利益和消费者权益之损害不一定成正比关系,常常出现短时期内损害其他市场经营者利益却保护消费者权益的现象,如浏览器拦截视频贴片广告与安全软件标注恶意网址,该情形如何解决? 如何在市场秩序因素、消费者权益因素与经营者利益因素之间进行衡量?

纵观以"商业道德"为出发点的审判思路,不可避免地存在固有抽象性、模糊性以及主观任意性。[②]现代网络信息市场交易瞬息万变,隐性竞争复杂激烈,若以抽象模糊、盲目主观的竞争标准去规制不正当竞争行为,是否凸显其无力感? 何以规制市场经营者及其竞争行为? 商业道德产生于市场经营者之间的长期商业互动实践。新型竞争行为的出现存在突发性和偶然性,无法存在直观的商业道德可供参考,此时若运用是否损害社会整体利益、破坏竞争机制等市场效果标准进行判断更具可操作性。遵守诚实信用和商业道德本身并非《反不正当竞争法》维护的终极目标,维护公平竞争秩序才是其根本目的。过于强调诚信和道德,容易将评价标准引向对行为人主观状态的考察,而减少对探求行为客观效果方面的努力。不正当竞争行为中的"搭便车"等诋毁和欺骗行为,与道德评价和市场经济分析中的表象特征基本一致,但偏离于传统竞争行为的评价,多仰仗于司法实践的评判标准。

笔者认为应当从商业道德与诚实信用角度转向竞争行为市场效果角度。[③]我国网络不正当竞争案例呈逐年上升趋势,故而继续采取道德标准愈来愈难以

---

① 张钦坤. 反不正当竞争法一般条款适用的逻辑分析——以新型互联网不正当竞争案件为例. 知识产权,2015,3:30-36.

② 卢纯昕. 反不正当竞争法一般条款在知识产权保护中的适用定位. 知识产权,2017,1:56.

③ 德国修订《反不正当竞争法》时基于德国学界对不正当竞争道德解读局限的认识,在2004年修订时一般条款删除了"违背善良风俗"这一术语,道德因素在不正当性判定中不再起决定作用。其对不正当的判断从注重道德因素转向反不正当竞争法的功能理解。参见卢纯昕. 反不正当竞争法一般条款在知识产权保护中的适用定位. 知识产权,2017,1:58. 杨华权. 论一般消费者标准在反不正当竞争法中的构建与适用. 知识产权,2017,1:47.

维持审判结果之客观性公平，法院在界定不正当竞争行为时应注重市场效果评估。市场效果的评估方向有以下三项：其一为竞争行为是否损害经营者合法权益，如"搭便车"行为损害市场先行者投资回报利益；其二为竞争行为是否损害消费者合法权益[①]，包括直接侵害与间接侵害，直接侵害如侵害消费者自主决策权、误导消费者以及"搭便车"行为对消费者利益的侵害[②]；间接侵害如侵害经营者利益、间接侵害消费者利益的行为，如侵犯商业秘密、商业诋毁等。[③]新法将消费者权益保护明确纳入，实则是将消费者利益侵害认定为网络不正当竞争的重要标准；其三为竞争行为是否破坏市场正常经济秩序，形成混乱或扭曲现象。如此界定目前学界质疑声音不断，如市场竞争本应类似于"丛林规则"，遵循优胜劣汰的市场规则，何以判断市场经营者之失利淘汰原因源自其他经营者不正当竞争行为而非自身的失败决策管理行为？何以判断消费者利益受损非为自身错误决策行为？此种质疑情形确实存在，但任何条款之适用均存在优劣势两个方面，并非放之四海而皆准，笔者如此界定的原因是基于《反不正当竞争法》的立法目的及立法原因，即为保障市场经济健康发展及保护经营者与消费者的合法权益。借助于市场效果评估这一中立、客观的方式对于竞争行为进行评价，可更好地保证司法实践的正当合理性。以竞争效果评估为主，以道德评估为辅，不失为对竞争行为界定的有利方式，在司法实践中可予以广泛借鉴。

综上所述，笔者认为网络不正当竞争行为的构成要件有以下三个。①网络经营者实施了竞争行为。竞争关系的考量又可从以下两点开展：（a）经营者的商品或服务之间存在直接或间接的替代关系；（b）经营者的商品或服务之间存在商业利益的交叉或依存关系。②竞争行为存在不正当性。主要从以下三个角度考量：（a）竞争行为是否损害经营者合法权益；（b）竞争行为是否损害消费

[①] 有学者提出为加强法院对不正当竞争行为判定的可预期性，统一裁判尺度而引入"一般消费者"理念，详细论述参见杨华权. 论一般消费者标准在反不正当竞争法中的构建与适用. 知识产权，2017，1：47.

[②] 有学者建议互联网不正当竞争行为的判定应引入消费者权益因素，如果某一互联网企业的竞争行为有害于其他经营者却有利于消费者，判定此种竞争行为时，应适当考虑竞争行为在维护消费者权益中的作用. 参见张素伦. 互联网不正当竞争行为的判定应引入消费者权益因素. 电子知识产权，2014，4：28-29. 谢兰芳. 论互联网不正当竞争中消费者利益的保护. 知识产权，2015，11：82.

[③] 杨华权. 论一般消费者标准在反不正当竞争法中的构建与适用. 知识产权，2017，1：47.

者合法权益，包括直接侵害与间接侵害；（c）竞争行为是否破坏正常市场经济秩序，形成混乱或扭曲现象。竞争法的目的在于维护市场竞争秩序，竞争本质即争夺市场机会。③网络经营者具有主观过错，实践中一般会结合网络经营者从事竞争行为的目的和结果，判断其是否存在主观过错。

2.1.4　网络不正当竞争行为的类型化

2017 年《反不正当竞争法》规定的网络不正当竞争行为专条，主要是规制滥用技术措施行为，插入链接行为，欺诈、误导或强迫行为，干扰或破坏行为。采用案例类型化进行归纳有助于进一步细化网络不正当竞争行为。①网络环境下不正当竞争行为类型化分析即是对司法实践中发生的众多网络不正当竞争行为进行梳理、归纳和分类，主要表现形式为行为概括与行为列举。

1. 侵犯信息网络传播权的行为

网络时代，信息网络传播权与作品传播密切相关。在"腾讯公司诉易联伟达公司信息网络传播权侵权案"中的信息网络传播行为在一、二审法院裁判中存在差异，即认定标准的争议，主要存在"实质性替代标准""用户感知标准""服务器标准"的争议。北京知识产权法院将服务器②标准作为信息网络传播行为的合理认定标准。依据服务器标准，信息网络传播行为是一种使用户获得该作品的作品传输行为，指向初始上传行为，而提供深层链接或普通链接均不在此范围内，因其无法使他人获得该作品，故不构成信息网络传播行为。若链接服务提供者采取破坏技术措施而侵权，则破坏技术措施行为应与信息网络传播行为进行分别认定。深层链接行为依然可依据共同侵权规则、有关技术措施

---

① 有学者认为应当将我国互联网不正当竞争案例分类为：无正当理由的侵犯行为，欺诈、误导用户行为，不当模仿及"搭便车"行为。有学者认为应分为不当滋扰行为与不当妨碍营业行为。有学者认为应分为涉及搜索引擎、涉及软件安全、涉及浏览器的不正当竞争行为。有学者认为应分为干涉关键词服务、将他人商业标识注册为域名、通过软件滋扰他人、网页抄袭行为、干扰他人浏览器行为。参见田辰、吴白丁.「案例群」归纳法与互联网不正当竞争行为规制. 竞争政策研究，2016，7：37-38. 张今. 互联网新型不正当竞争行为的类型及认定. 北京政法职业学院学报，2014，2：5-9. 李雨峰.网络不正当竞争行为的判定. 重庆邮电大学学报（社会科学版），2016，1：26-27.

② 此处"服务器"泛指一切可存储信息的硬件介质，既包括通常意义上的网站服务器，亦包括个人电脑、手机等现有以及将来可能出现的任何存储介质。作品上传行为均需以作品的存储为前提，未被存储的作品不可能在网络中传播，服务器标准中所称的"服务器"即为此种存储介质。

相关规则的适用，使权利人获得救济。实质性替代标准未将视频聚合服务选择、编排、整理以及破坏技术措施、深层链接等各行为进行区分，因此，不能清晰辨识信息网络传播行为的具体认定。服务器标准缺乏明确法律依据，因为我国现行《著作权法》及其司法解释中均未引入"服务器标准"，所以在司法实践中，以实质性替代标准为主、服务器标准为辅来进行信息网络传播权侵权行为的判断则较为科学。

2. 干涉网络关键词的行为

网络关键词是指网站经营者在其网站上用于描述产品或服务的词语，搜索引擎服务提供商的关键词推广服务可通过竞价排名改变自然关键词检索顺序。将他人商标作为关键词推广包括两种：其一为显性使用行为，即推广内容包括关键词，当网络用户使用搜索服务时输入的搜索词与选定关键词一致时，推广内容即被触发；其二是隐性使用行为，即推广内容不包括关键词，公司的标题、描述和网址链接通常会呈现于网络用户面前。在"金夫人"关键词推广案中，米兰公司将涉案组合商标中的"金夫人"设置为百度推广服务的关键词，网络用户在搜索相关词语时，其设置链接出现于搜索结果页面的推广链接中，一审法院认定其构成商标侵权，二审法院认定其不构成商标侵权，亦不构成不正当竞争行为。①一审法院认为网络搜索引擎服务提供商提供的关键词搜索竞价排名服务，因具备有偿性、目的性和媒介传播的显著特点，属于广告发布行为。二审法院认为竞价排名不属于商标性使用，不会导致相关公众对服务来源以及商标权的误认，故不侵犯他人商标权。本案争议焦点在于将他人商标作为关键词推广是否属于商标性使用，关键词推广是否具有混淆可能性，将他人商标作为关键词推广是否属于不正当竞争行为，网络搜索服务提供商是否构成商标侵权或不正当竞争。最高人民法院在指导性案例的裁判理由中将擅自将他人已实际具有商号作用的企业名称简称作为商业活动中网络竞价排名关键词，使相关公众产生混淆误认的，属于不正当竞争行为。②将他人企业名称和字号设置为关键词应当具备正当理由③，从事网络服务的经营者，在其他经营者网站的搜

---

① 南京市中级人民法院（2016）苏 01 民终 8584 号。

② "天津国青国旅旅行社擅自使用他人企业名称纠纷案"，最高人民法院指导性案例第 7 批 29 号，天津市高级人民法院（2012）津高民三终字第 3 号。

③ 最高人民法院（2015）民申字第 3340 号。

索结果页面强行弹出广告的行为，违反诚实信用和公认的商业道德，妨碍其他经营者正当经营并损害其合法权益，可认定为不正当竞争行为。① 将他人具有一定知名度的字号作为关键词使用，其"搭便车"以及攀附他人企业知名度的意图明显。② 不正当利用他人商标的知名度，使用户产生不恰当联想，误导普通用户，不合理获取交易机会，同样属于违背诚实信用原则及公认的商业道德的不正当竞争行为。③

3. 广告屏蔽、流量劫持等网络不正当竞争行为

传统不正当竞争行为在网络环境下的延伸主要有商业诋毁与虚假宣传。④ 基于网络行业的技术与自身固有特点，在网络环境下滋生出多种新型的不正当竞争行为，如竞价排名⑤、流量劫持⑥、视频过滤⑦、屏蔽广告⑧、软件拦截⑨等。在 2017 年《反不正当竞争法》正式实施之前，在司法实务中多运用 1993 年《反不正当竞争法》第 2 条一般条款予以规制，即将"诚实信用原则"与"公认的商业道德"予以细化实施。⑩ 竞争行为正当性判断全凭法官个人道德观念，"泛

---

① "青岛奥商网络技术有限公司等不正当竞争纠纷案"，最高法指导性案例第 10 批 45 号，山东省高级人民法院（2010）鲁民三终字第 5-2 号。

② 天津市高级人民法院（2016）津民终 112 号。

③ "同花顺公司和上海万得公司不正当竞争纠纷案"杭州市中级人民法院（2013）浙杭辖终字第 287 号以及"罗浮宫不正当竞争纠纷案"河北省高级人民法院（2016）冀民再 9 号。

④ （2010）一中民初字第 10831 号，（2004）朝民初字第 19424 号。参见张钦坤. 中国互联网不正当竞争案件发展实证分析. 电子知识产权，2014，10：27.

⑤ （2015）海民（知）初字第 19885 号；（2016）京 73 民终 69 号；（2015）海民（知）初字第 8597 号；（2015）京知民终字第 1650 号；（2015）海民（知）初字第 19141 号。（2007）沪二中民五（知）初字第 147 号。

⑥ （2014）海民初字第 15008 号。

⑦ （2013）海民初字第 13155 号；（2014）一中民终字第 3283 号民事判决书。

⑧ 北京市第一中级人民法院（2014）一中民终字第 3283 号民事判决书。

⑨ 北京市第一中级人民法院（2005）一中民终字第 4543 号判决书；北京市第一中级人民法院（2009）一中民初字第 16849 号民事判决书。

⑩ 如"扣扣保镖案"最高人民法院民事判决书（2013）民三终字第 5 号；"广告屏蔽案"北京市东城区人民法院民事判决书（2013）东民初字第 08310 号；"爬虫协议案"北京市第一中级人民法院民事判决书（2013）一中民初字第 2668 号；"搜索结果插标案"北京市高级人民法院民事判决书（2013）高民终字第 2352 号。田辰，吴白丁. "案例群"归纳法与互联网不正当竞争行为规制. 竞争政策研究，2016，7：32.

道德化"现象严重，竞争秩序的维护与动态把握存在严重问题。[①]

关于竞价排名，即搜索引擎服务商接受第三方网站的竞价排名，在用户利用该搜索引擎进行检索时，将第三方关键词的顺序与方向进行调整，代替原有商业标识，提高用户点击次数与关注量。2016 年 7 月 8 日国家工商行政管理总局公布的《互联网广告管理暂行办法》中将竞价排名认定为付费搜索广告，故类似于虚假宣传纠纷，在审判实践中，法院也多采取认定为虚假宣传的认定模式。[②]竞价排名中的审查关键为商业标识，包括商业标识的具体内涵与使用实际情况，具体内涵有商标、企业名称、包装、装潢、商品名称等，实际情况存在链接名称、链接描述与链接网站之差别，若仅在名称或描述中使用商业标识等关键词，则可认定为虚假宣传，参考传统不正当竞争行为法律适用的要求。此种通过改变关键词排名而获得用户关注量的行为，损害正常的市场经济秩序，属于不正当竞争行为。

关于恶意干扰软件与干扰商业模式实现的行为，主要行为类型有：将他人软件界定为可疑或存在风险，警告用户拒绝安装或进行清理；以存在风险为由，阻止用户设置他人软件为系统默认软件；在软件升级过程中，替换他人软件；拦截或阻止他人软件或网站的正常商业模式或商业广告。这些网络竞争行为实质侵害了经营者的合法权益与消费者的长期利益，有损于网络市场的正常竞争秩序，理应属于不正当竞争行为。

4. 市场替代行为等新型"搭便车"行为

"市场替代"一词主要来源于"大众点评诉百度公司案"[③]中，其实质为新型的"搭便车"行为，网络评价内容的复制抄袭使得网络用户无须进入其他经营者网站便可以获得足够的所需信息，造成了实质上的市场替代。市场替代行为是否具有不正当性呢？是否可以认定为"搭便车"行为而构成不正当竞争行

---

① 蒋舸. 关于竞争行为正当性评判泛道德化反思. 现代法学，2013，6：42.

② （2012）海民初字第 23387 号；（2013）一中民终字第 04394 号；（2014）海民初字第 12853 号。

③ 北京市海淀区人民法院（2010）海民初字第 24463 号。百度公司未经许可在百度地图以及百度知道中通过搜索技术，大量完整呈现大众点评的点评内容，超越对点评内容使用的合理限度，省去得到该经营成果的应付经营成本，影响相关公众对经营者网站的选择判断，掠夺他人经营优势，提供的服务构成对大众点评服务提供的实质性替代，使自己获得不正当竞争利益。类似案例为北京市第一中级人民法院（2011）一中民终字第 7512 号。

为？[1]网站与搜索引擎"搭便车"行为较为典型，如无偿利用他人网站内容与网站用户量[2]、设置不正当的超文本链接、设置深层链接、在搜索引擎中设置相似关键词等。[3]市场替代行为可划归于无偿利用他人网站内容的"搭便车"行为。

5. 不当数据抓取行为

数据抓取行为涵盖垂直搜索抓取与搜索引擎抓取两大常见模式，同时包括端口接入、操作系统、基础设施抓取等模式。[4]不当数据抓取行为涉及网络用户数据信息收集与使用权利，用户信息已愈来愈成为网络时代企业发展数据经济、提升业务效率、扩大商业资源、发挥竞争优势、支撑技术创新的重要因素，不仅如此，用户信息的保护程度与措施是衡量经营者行为正当性的重要标准。例如 2017 年，百度公司未经许可使用抓取汉涛公司运营的"大众点评网"大量的用户点评信息。在网络环境下，平台方需要集成大量用户创作的内容，才能提供更好的服务体验。因此，不少平台方通过用户协议要求用户不同程度地将创作内容的著作权让渡给平台方，并要求用户同意授权其单独提起诉讼进行维权。从平台网站方的角度看，其长期大量投入人力、财力，付出巨大的成本，使用户免费享受网站服务，平台方要求在一定程度上获得用户创作内容的某些权益也是无可厚非的。在相关数据利用不正当竞争的纠纷中，被告通常会提出"垂直搜索"的抗辩。垂直搜索是一种专业搜索引擎，该搜索服务为用户提供具有针对性的信息搜索，通常针对的是某一领域、某一特定人群或某一特定需求的特定信息，如餐饮信息、旅游信息等。垂直搜索引擎抓取的信息主要来源于其所关注的特定行业网站。此种服务可在一定程度上解决通用搜索引擎的信息量大、查询不准确、深度不够等问题。爱帮公司辩称其系垂直搜索。虽然该技术本身并不具有违法性，但技术的合法性并不表明垂直搜索网站在使用该技

---

[1] 有学者认为在分析市场替代时，应当包含四点：存在未经许可的提供行为，提供内容相同或相似，存在用户转移效果，其他经营者利益受损。参见王超. 论网络不正当竞争中市场替代的构成——以"大众点评诉百度案"为例. 公民与法，2016，10：51-54.
[2] 北京市第一中级人民法院（2006）一中民初字第 11337 号，北京市第一中级人民法院（2012）一中民初字第 5718 号。
[3] 吴韬，尹力沉. 互联网不正当竞争对立法的挑战及其应对. 中国工商管理研究，2015，4：71.
[4] 丁道勤. 数据抓取行为法律研究——基于相关案例的考察. 新时代大数据法治峰会论文集，2017：62-66.

术时可以不受任何限制。

因此,在面对网络环境下的不正当竞争行为时,应从竞争关系与不正当性两方面进行分析和判断,竞争关系的认定应以"利益"为核心,不正当性的判断应以"市场效果"角度来讨论,侵犯信息网络传播权行为、干扰网络关键词行为、广告屏蔽、流量劫持等新型不正当竞争行为、市场替代行为等新型"搭便车"行为、不当数据抓取行为等均应属于 2017 年《反不正当竞争法》第 12 条,即网络领域不正当竞争行为专条所规范的内容。

2.1.5 我国网络不正当竞争行为的演化

以 1994 年 4 月 20 日,中国接入国际互联网为起点计算,我国的互联网发展刚刚走过了 25 年的发展历程。本研究报告认为,从商业竞争的角度看,中国互联网商业演化的 25 年历史过程可以分为以下三个阶段。

1. 从努力求生到发展壮大

1994 年至 2001 年普遍被认为是全球互联网投资的泡沫时期,但也恰恰在这段时期奠定了未来全球互联网发展的基石。2001 年全球第一次互联网泡沫破裂,第二次互联网创业开始。在这一时期,中国的互联网公司涉及的业务有搜索引擎(百度、3721 等)、门户网站(新浪、搜狐、网易等)、游戏(盛大、网易腾讯等)、即时通信(腾讯等)、电子商务(阿里巴巴、当当、易趣、卓越、携程等)。这一时期各家企业的商业模式较为单一,如搜索引擎早期聚焦于提供中文上网工具,后来拓展到竞价排名服务;门户网站和即时通信等,则借助"梦网计划",通过用户小额付费的增值服务度过了寒冬,走向了盈利。电子商务网站因 SAAS(软件即服务)危机的磨炼而变得更加成熟并快速爆发。

这一阶段,中国网络普及率整体较低,互联网从"门户入口"开始转向"搜索入口"。在用户经常使用的网络服务中,搜索引擎的比例达到了 62.7%。[①]搜索引擎掌控流量的主要入口,因搜索引擎引发了一系列不正当竞争行为案例。典型的是赤裸裸地通过软件干扰争夺装机量和广告位的行为。例如,在"百度公司诉 3721 公司案"中[②],3721 公司软件在被安装进用户电脑后,直接采取阻

---

① 《中国互联网络发展状况统计报告》(2002/1), 载 http://www.cnnic.cn/hlwfzyj/hlwxzbg/ 200906/P020120709345368128648.pdf,2017 年 5 月 13 日访问。

② 北京市朝阳区人民法院民事判决书(2003)朝民初字第 24224 号。

碍"百度搜霸"软件的下载、安装和运行，使众多"百度搜霸"用户无法正常下载和使用"百度搜霸"软件。又如，在"百度公司诉珠穆朗玛案"中[①]，被告珠穆朗玛 mysearch 软件修改百度搜索界面，在百度搜索结果的页面上方强行插入其推广的竞价排名网站。整体而言，这一阶段的竞争处于从求生存到发展壮大的初级过程。

2. 努力打造一站式服务平台

中国互联网发展到 2006 年已经初具规模，并保持持续、稳定增长态势，网民数、上网计算机数分别达到了 11 000 万人、4 950 万台[②]。随着业务发展和用户积累，互联网行业中的百度、阿里巴巴、腾讯等（BAT）主流互联网企业拥有海量用户后开始进行大而全的业务试水，进入了"什么都做"的阶段，搭建一站式服务满足用户各种网络需求，构建各自独立的业务体系。例如，腾讯在社交网络平台的基础上，尝试电商平台（拍拍）和搜索平台（搜搜），百度也推出了电商平台（百度有啊）和即时通信工具（百度 hi）。

这一阶段互联网不正当竞争行为并没有发生在平台与平台之间，直到 360 公司的出现并迅速发展壮大，引发了平台与平台之间的竞争行为。一直以来，网民对上网安全有极大的需求[③]，360 杀毒用免费的方式颠覆了原有杀毒领域靠出售杀毒软件本身获取商业利润的商业模式，在短时间内获得了极高的市场占有率。这一阶段的不正当竞争多因安全软件测评引发。最后，以"3Q 大战"为代表，安全软件引发的平台与平台之间的竞争走向了一个历史性节点。整体而言，这一阶段中国互联网企业的竞争格局基本形成，搜索、电商、社交、安全等领域都有了领先型企业。

3. 开放平台模式下的生态竞争

美国著名经济学家詹姆斯·弗·穆尔教授 1993 年在《哈佛商业评论》首

---

① 北京市第一中级人民法院民事判决书（2005）一中民初字第 5456 号；北京市高级人民法院民事判决书（2006）高民终字第 264 号。

② 《中国互联网络发展状况统计报告》（2006/01），载 http://www.cnnic.cn/hlwfzyj/hlwxzbg/200906/P020120709345358064145.pdf，2016 年 5 月 13 日访问。

③ 在网民对互联网的满意度调查中，很不满意的是安全性，高达 7.9%。参见《中国互联网络发展状况统计报告》（2006/01），载 http://www.cnnic.cn/hlwfzyj/hlwxzbg/200906/P020120709-345358064145.pdf，2016 年 5 月 13 日访问。

次提出"商业生态系统"这一概念。中国互联网商业竞争的发展恰恰也印证了这一理论。2011 年，在消费者需求的推动下，互联网行业中的百度、阿里巴巴、腾讯（BAT）等主流互联网企业依托各自的核心产品推出了开放平台的商业模式，即改变以往大而全的商业模式。目前各家公司的开放平台战略都取得了巨大的成功。腾讯公司的公开数据显示，从 2011 年成立至 2015 年 8 月末，已有超过 500 万名注册开发者在腾讯公司开放平台进行创业，应用数超过 400 万人，依托腾讯公司平台的创业公司总估值超过 2 000 亿元。百度、阿里巴巴等公司的数据也让我们看到了开放平台模式的无穷潜力。随着国家"互联网+"行动计划的实施，互联网在与传统产业不断融合的过程中，形成了新的生态体系。

这一阶段，网络的不正当竞争的主要表现是以"搭便车"为主，其原因是市场中已经出现了规模较大的平台企业，其他企业进行市场推广，只需要借助市场中的平台产品，即可实现推广目的。如"百度公司诉 360 公司插标案"[①]中，被告 360 安全卫士在百度搜索结果页面上改变了百度在其搜索框上向用户提供的下拉提示词，引导用户访问本不在相关关键字搜索结果中的被告经营的影视、游戏等页面。整体而言，虽然行业中的不正当竞争现象依然存在，但目前中国互联网的平台开放战略成为不可扭转的趋势。

2.1.6　我国网络不正当竞争行为的特征分析

1. 以争夺流量为核心

我国互联网公司在免费提供互联网服务的基础上，发展出了三种收入模式：一是广告收入，二是互联网增值服务收入，三是技术服务费或者佣金等模式。这三种收入模式中广告收入和互联网增值服务收入是互联网公司的主要收入来源。无论是依靠广告、增值服务、付费使用、佣金和订阅等何种模式，用户和流量都是互联网企业的核心。没有用户和流量，任何互联网产品和服务都是无源之水、无本之木。因此，争夺用户和流量永远是互联网企业竞争的核心所在。

纵观我国网络的不正当竞争纠纷案件发展的进程可以看出，早期互联网企业是"丛林竞争"，这一阶段的互联网公司市场份额都不大，各家公司刚刚开

---

① 北京市第一中级人民法院民事判决书（2012）一中民初字第 5718 号；北京市高级人民法院民事判决书（2013）高民终字第 2352 号；最高人民法院民事裁定书（2014）民申字第 873 号。

始初创企业，急需占据流量入口，或者说占据用户资源，因此软件干扰、商业诋毁等便成为常用手段，表现出野蛮、直接的特点，最终目的都是获得更多的流量入口。在第二阶段，一些互联网公司得到发展，逐渐壮大，在各领域分别出现了拥有大量用户的企业，他们努力尝试打造"一站式服务"的商业模式。在此阶段，一些新进入市场的企业为了获得更多用户，便通过软件干扰、"搭便车"等方式，对大平台进行不正当竞争，因此引发了一系列不正当竞争案件。在第三阶段，经过封闭竞争发展后，大平台逐步认识到一家企业不可能满足各种创新需求。因此便聚焦于自身核心能力，同时秉持开放的心态，对自己不擅长的领域与第三方进行合作，此时开放平台成为主要的商业竞争模式。在开放平台的商业竞争模式下，由于大型平台开放自己的流量给众多第三方，因此，在相当程度上减少了互联网企业之间的不正当竞争现象。但是开放平台的商业竞争模式不能解决所有的竞争问题，围绕流量和用户的争夺还是在不断地进行着。

2. 以上游企业"欺负"下游企业为主要表现形式

在网络不正当竞争行为中，"上游企业欺负下游企业"表现较为明显，究其原因是上游企业相对于下游企业来说更具底层优势。在我国发生的网络不正当竞争纠纷案例中，可以总结为三类。第一，运营商利用其负责网络数据接入、基础网络设施运营和网络数据传输等便利条件所从事的不正当竞争行为，主要体现为流量劫持等，以"百度公司诉青岛联通案"为代表。第二，硬件设备、操作系统和安全软件等利用权限优势，刻意对下游企业进行的不正当竞争行为。在早期"3Q"（360公司与腾讯公司）大战、"3B"（360公司与百度公司）大战等案中，安全软件利用底层软件优势，对下游软件进行恶意评价、恶意修改、恶意拦截、恶意卸载等。第三，流量入口产品对其他产品的干扰。例如，浏览器、路由器等产品对视频网站广告的屏蔽等，都是利用其入口优势，干扰下游产品。

3. 消费者的知情权和选择权成为重灾区

众多形形色色的网络不正当竞争行为的普遍性表现是侵害消费者利益，因为所有的不正当竞争行为针对的对象都是消费者，具体表现为误导消费者和侵害消费者的决定自由，消费者的知情权和选择权受到侵害。网络不正当竞争行为侵害消费者知情权和选择权时，被告往往以"消费者福利"进行抗辩，如在

"3Q"大战中，360公司在抗辩中称"QQ保镖采用符合公认的商业道德的方式，促使腾讯对其掠夺性商业模式做出改变，有利于消费者和市场竞争，符合反不正当竞争法的规定"。在"爱奇艺诉极路由案"中①，极路由辩称，消费者可以自由选择是否选用屏蔽广告的插件，即使选择后也可以自由卸载。在"搜狗公司诉360公司拦截搜狗浏览器案"中②，360公司抗辩称其拦截行为是基于安全软件的特性，其所做的安全提示是客观、中性的，确保了用户的知情权和选择权。同样的情况，还在诸多案例中可见。

2.2　网络不正当竞争行为发展现状

2.2.1　国内网络不正当竞争行为的发展

近些年，国内网络的反垄断实践主要体现为私人执行，即关于垄断纠纷的私人诉讼活动。在搜索引擎服务领域，唐山人人诉百度公司滥用市场支配地位纠纷案③中，唐山人人主张百度屏蔽其网站的行为属于滥用市场支配地位，但是北京市高级人民法院的终审判决并没有认定百度在相关市场（法院将本案的相关市场界定为搜索引擎市场）占据支配地位，同时认为百度的屏蔽行为具有一定正当性。在网络文学领域，北京书生诉上海盛大和上海玄霆滥用市场支配地位案④中，北京书生指控被告利用其在网络文学市场的支配地位胁迫两位网络文学作者放弃相关作品的写作，但是上海市高级人民法院的终审判决驳回了原告的诉讼主张，认为原告主张的相关市场界定不清，也不能提供有力证据证明被告拥有市场支配地位。

这两个比较早期的互联网反垄断案件，由于原告的举证能力有限，要么无法准确界定涉案相关市场，要么无法提供有力证据，证明被告在相关市场拥有市场支配地位，法院最后都驳回了原告的诉讼主张。反垄断本来就是一个非常

---

① 北京市海淀区人民法院民事判决书（2014）海民（知）初字第21694号。
② 北京市第二中级人民法院民事判决书（2013）二中民初字第15709号。
③ 唐山人人诉百度公司案，北京市高级人民法院民事判决书（2010）高民终字第489号。
④ 北京书生诉上海盛大和上海玄霆案，上海市高级人民法院民事判决书（2009）沪高民三（知）终字第135号。

专业的问题，再加上互联网行为具有科技密集型的行业特性，互联网反垄断问题的分析和认定所面临的困难可想而知，但是，这两个案件是网络反垄断诉讼司法实践的尝试，具有重要的里程碑意义。

"3Q 案"奠定了网络不正当竞争行为分析的基础，成为国内外网络反垄断诉讼的经典案例。最高人民法院在终审判决中对相关市场界定、市场支配地位认定以及搭售行为的分析等也给出了专业严谨的权威分析，特别是考虑到了国际最前沿的互联网反垄断理论，如双边市场、平台竞争、动态竞争等。[①]毫无疑问，"3Q 案"确立了国内网络反垄断诉讼的基本思路，这种分析框架是比较科学和合理的，不但以传统反垄断理论为基础，而且考虑到互联网行业的新特征，对相关分析工具（如假定垄断者测试法）有适当调整，以适应互联网这一行业反垄断分析的需要。最高人民法院"3Q 案"的审理思路也被适用于号称移动互联网反垄断首案，即"米时科技诉 360 公司滥用市场支配地位案"的审理中[②]，在该案中，北京市高级人民法院同样确认了在网络中，市场份额不是判断互联网企业是否拥有市场支配地位的有效指标，更何况目前网络通常评估的标准是渗透率，渗透率无法准确反映出市场份额分布情况，同时反映的也是已有的存量数据，无法反映互联网市场的动态变化。而且综合考虑到手机安全软件市场的激烈竞争，被告在相关市场并不拥有支配地位，这种认定思路和审判理念无疑带上了"3Q 案"的烙印。网络的不正当竞争，最受伤的是广大的网络消费者的合法利益。

预计在未来的几年内，国内网络反垄断诉讼案件，可能基本会遵守最高人民法院在"3Q 案"中的认定思路和审判理念。近年来互联网市场的竞争日趋激烈，网络不正当竞争案件层出不穷。例如"腾讯公司诉 360 公司商业诋毁案""真假'开心网'网站名称侵权案""百度公司诉 360 公司软件恶评损害商业信誉案""搜狗公司诉腾讯公司拼音输入法软件冲突案""史三八美容医院诉伊美尔医院关键词竞价排名不正当竞争案"等网络不正当竞争案件此起彼伏，以至于有人在媒体上惊呼网络市场成了"没有规则的险恶江湖"。而京东与易讯的电商价格大战、蒙牛公司与伊利公司诽谤门案件、三一重工与中联重科利用网络展开信息攻击，使网络企业和非网络企业都卷进了网络不正当竞争的旋涡

---

① "3Q 案"，最高人民法院民事判决书（2013）民三终字第 4 号。

② 米时科技诉 360 公司案，北京市高级人民法院民事判决书（2015）高民（知）终字第 1035 号。

之中，在网上掀起沸沸扬扬的口水大战。特别是近年来相继爆发的"3Q"大战、"3B"大战等典型事件，所涉及的腾讯、360、搜狗、百度等企业，均为在互联网业界具有较高知名度并占有较高比例市场份额的大型互联网企业，所涉互联网用户数以亿计，受到互联网行业、行业主管部门和社会各界的广泛关注。

为了更充分认识互联网环境下不正当竞争混战乱象的问题所在，我们须对典型的互联网环境下不正当竞争案例做简单回顾。"3Q"大战是网民对两大互联网公司360公司与腾讯公司诉讼缠斗的戏称。中国两大软件公司360公司和腾讯公司之间互相指责对方不正当竞争。360公司针对QQ软件先后发布了隐私保护器和扣扣保镖，并称其可以保护用户的隐私和网络安全。随后，腾讯公司则宣布在装有QQ软件的电脑上将不能运行360公司的安全软件。事件同时牵涉到其他360公司软件与同类软件的纷争，如安全浏览器与傲游浏览器和搜狗浏览器之间、360安全卫士和杀毒与多家杀毒软件之间的纷争。为此，金山、傲游、可牛、百度等软件公司联合召开发布会，抵制360公司并宣布将不兼容360公司系列软件。因影响面太大，政府不得不出面干预，责令腾讯公司停止不兼容行为、360公司召回扣扣保镖。随后，腾讯公司与360公司两家分别在各自官方网站上发表了对网民的致歉信，正式结束了此次缠斗。北京市朝阳区人民法院就腾讯公司起诉360公司不正当竞争案作出一审判决，360等3家公司构成不正当竞争。"3B"大战是360公司新推出的搜索引擎和百度公司相互争夺搜索引擎市场的一场网络流量资源之争。在360公司低调推出综合搜索服务后，引起行业震动。360自主搜索引擎替换Google，成为网址导航的默认搜索引擎。搜索引擎老大百度公司如坐针毡，连忙出招反击。百度公司开始通过对360网址导航导入的搜索流量进行提示，建议用户将百度设置为首页。很快，360作出反应，将原本"问答"搜索默认的百度"问答"设置为360的"问答"。随后，百度采取"强制跳转"的策略屏蔽360搜索。用户使用360搜索服务时，搜索结果中涉及百度知道、百度贴吧、百度百科的相关内容时，点击后均无法进入该条链接，反而会强制跳转到"百度"的首页。随后，在搜索的新闻、视频、图片、地图等多个频道中，只要用户选择来源为"百度"提供的服务，则搜索结果都不会直接显示，则会直接跳转到"百度"首页，间接导致用户必须通过"百度"首页才能完成搜索任务。同时，搜狐公司董事局主席张朝阳在其微博中宣布参与百度公司与360公司挑起的搜索大战。他在微博中表示："搜狗必须参战。"这也表明,由百度公司和 360 公司引发的搜索竞争大战,已经演变成"百度""360"和"搜狗"之间的搜索大战。政府主管部门紧接着介入了处于风口浪尖的搜索大战,要求各方"停止炒作和恶意争斗",避免了大战时让消费者面对"三者选其一"或"两者选其一"的局面而伤害用户体验的现象发生。同时,业界也呼吁关于规制互联网不正当竞争行为的具体防范规则应加速出台步伐。

笔者认为,我国网络不正当竞争行为的乱象凸显以下问题。

第一,我国网络企业不够成熟,尚处于低层次的消灭式竞争的阶段。成熟的网络市场常常是采用差异式竞争、合作式竞争,共生共赢。例如美国的微软公司与苹果公司两家行业巨头之间的竞争并没有出现两败俱伤的恶性缠斗,而他们的暗中较量,又促进了各自的技术创新和产品更新换代。全球的消费者都是这种差异式竞争的受益人。我国的互联网企业虽然已经够大够强,但经营理念还处在"你死我活"的消灭式竞争层次。网络环境下成熟的市场竞争主体的培育,还有很长的路要走。

第二,企业社会责任意识淡漠,缺乏对法律的敬畏。网络技术发展日新月异,立法的滞后是难免的。网络服务企业在发展技术和建立新的经营模式的同时,应秉承公平竞争、诚实守信的经营理念、恪守公认的商业道德,自觉关注自己的行为是否可能构成对其他企业的利益损害,在追求经济利益的同时主动承担社会责任,营造健康的互联网经营环境。但从我国近年发生的一些网络环境下的不正当竞争行为案例来看,不少企业的社会责任感荡然无存,大谈保护技术进步的重要性,对法律亦缺少起码的敬畏之心。

第三,企业利用网络不正当竞争的手段多样化、低俗化、科技化、隐蔽化。网络竞争手段从模仿、复制转向挟持用户、拒绝兼容、流量劫持、软件攻击、拦截屏蔽、恶意测评、商业诋毁、营造社会舆论等方式演变,这些新的手段不断挑战现有的法律法规,不断摈弃并挑战诚实信用的人格操守、破坏公平竞争的市场秩序、刺穿基本的商业道德底线。通过网络媒体和网络水军散布虚假信息、营造网络舆论、肆意攻击竞争对手正成为一种新趋势,使得竞争问题社会化。如"3Q"大战事件中,当事双方利用微博相互诋毁、制造舆论。随着云服务等新技术的不断出现和应用技术的不断深化,竞争技术含量不断提高、隐蔽性更强,现有技术手段难以有效识别和认定。

第四,互联网企业同质化竞争严重。我国网络市场自主创新能力欠缺,市场竞争同质化严重，可以颠覆市场格局的替代性竞争薄弱，模仿与复制层出不穷。网络不正当竞争案例多发生在同质业务主体间，如开心网与千橡网竞争等。基于商业模式模仿的同质化竞争，弱肉强食的"丛林法则"成了当前我国网络市场竞争的主导法则，扰乱了我国互联网市场的基本秩序，加剧了网络环境下不正当竞争的激烈程度。

第五，法律法规在某些互联网企业那里已经沦为彼此攻击竞争对手的造势手段。很多网络环境下的不正当竞争案件的一个显著特点是，网络不正当竞争最终转化为社会问题，借助网络炒作企业，然后再诉诸法律诉讼。在这里，法律仲裁的结果似乎并不重要，诉讼过程变成了双方企业的炒作手段。网络炒作很容易形成偏向某一方的舆论氛围，决策者会被这种民众的情绪和态度所挟持。我国网络环境下市场竞争的乱象一方面是网络市场发展阶段的特定产物，另一方面也凸显了我国互联网市场监管乏力、常态化监管机制不完善、对新型的网络竞争行为的立法滞后、执法依据和手段不足、司法诉讼流程过长、难以及时有效制止竞争乱象等现实困境。

第六，网络环境下的不正当竞争，最受伤的是广大的网络消费者。例如，"3Q"大战，许多网民的软件和账户无法正常运行，两家公司都打着维护公众利益的旗号指责对方。网络不正当竞争的发生，最终损害的是社会公众的合法利益。

2.2.2 国际网络反不正当竞争的趋势

1. 国外网络反不正当竞争主要体现为公共执行活动

与国内网络反不正当竞争的诉讼活动相比，国外对互联网反不正当竞争公共执行的活动比较活跃，主要体现为欧盟（EU）对主要互联网巨头的反垄断调查。在对科技密集型行业的反垄断执法中，欧盟委员会（EU）无疑是急先锋，早年对微软、IBM、英特尔等科技公司进行过反垄断调查，如今对 Google 穷追不舍，已经对 Google 提出了三项正式反垄断指控，同时电商巨头 Amazon 也面临欧盟委员会的调查。欧盟对世界互联网巨头积极推进反垄断调查，一方面，具有一定的知识和理论积累，此前已经对一些典型的网络相关的高科技公司启动过反垄断调查，另一方面，也是一定程度上出于欧盟层面数字战略推进的考虑，争取为欧洲中小型数字企业的生存发展打开缺口，这也让人产生对欧盟委员会在竞争执法过程中考虑产业政策成分的怀疑。但是，欧盟委员会层面坚持认为是出于竞争角度考虑，并指出这些互联网巨头的相关行为确实损害到正当竞争，影响到消费者福利。不过需要指出的是，作为世界搜索引擎巨头 Google 不光在欧盟委员会接受反垄断调查，而且在美国、印度、俄罗斯、巴西等国家都经历过或正在经历着竞争执法机构的反垄断调查。

2. 国外互联网反不正当竞争已经向纵深领域发展

Facebook 在德国也正面临联邦卡特尔局的反垄断调查，德国联邦卡特尔局关注 Facebook 在为用户提供社交网络服务过程中收集用户相关数据的行为可能涉嫌滥用市场支配地位，这已经涉及竞争法与个人隐私和数据保护方面的问题了，对于竞争法是否适用于作为保护个人隐私和个人数据的监管工具存有争议。很多人提议个人隐私保护的问题应该由隐私保护法或数据保护法等特别部门法来处理，而竞争法只处理竞争过程中出现的反竞争行为。对于竞争法与个人隐私保护之间的关系问题，德国联邦卡特尔局也声明正在研究探讨。

可见，欧洲国家在对网络的反不正当竞争执法已经相当深入。近几年德国竞争执法机构、英国竞争执法机构、法国竞争执法机构以及欧盟委员会联合或单独发布多个关于网络反不正当竞争的研究报告，其中涉及大数据反垄断、封闭平台与开放系统中的反垄断、网络效应与反垄断以及平台与反垄断等问题，这些报告对此类前沿话题的研究表明欧洲竞争法机构对网络的反不正当竞争执法已经进入深水区。

2.2.3　网络不正当竞争行为的特殊性

网络不正当竞争行为的表现形式不同于传统具体类型的不正当竞争行为的突出特征是表现形式多种多样、层出不穷，使人们感觉陌生而复杂，但究其实质与传统纠纷的根本特性通常是一样的，是传统纠纷在网络世界中的延伸，所以，解决纠纷的理念、原则都没有变，虽然法律调整的具体的行为表现形式可能是以前所未有的，是完全崭新的。正因如此，在法律没有针对这些新型行为形式作出具体规定之前，我们可以适用揭示所有不正当竞争行为本质特性的一般条款来处理这些纠纷。

1. 网络不正当竞争行为的成因

通过研究已经发现，互联网环境下产生的不正当竞争行为的原因主要有以

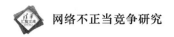

下内容。

一是利益驱动。市场经济以竞争机制作为配置资源的基础性手段。互联网为经营者提供了没有边界的广阔市场，其竞争激烈程度远较传统商业模式下的竞争为甚。部分经营者为了牟利不择手段，采取不正当竞争手段以获取眼前的短期利益，却牺牲了公众的长远利益。对个体而言，以互联网不正当竞争手段获利比守法经营更加方便快捷。像传统市场竞争一样，人性的贪婪与疯狂是互联网环境下不正当竞争行为产生的主因。

二是技术因素。信息技术的快速发展，使得互联网经营者可选择投入低廉、获利丰厚的技术手段实施互联网环境下的不正当竞争行为，如通过网络入侵窃取其他经营者的商业和技术的机密。采用高科技手段实施互联网环境下的不正当竞争行为，其隐蔽性极强，既难以迅速被竞争对手发现，又容易逃避司法追究。

三是法律缺失。与发展迅速的互联网经济相比，互联网市场运行机制尚处于发育期，立法和管理规则相对滞后，为互联网环境下的不正当竞争行为提供了客观上的便利。市场竞争要实现良性的有序的状态，需要相关法律的约束与保护。在物欲横流年代，要求互联网企业独善其身是不现实的。在互联网环境下，主体的虚拟性、手段的隐蔽性更为那些有违法企图的经营者提供了违法便利，他们抱着侥幸的心态投身市场，即使被发现并被惩处，现行法律所规定的违法成本也很低。这些都是互联网环境下不正当竞争行为迅速滋生和蔓延的外部条件。

四是执法不公。执法不公，"它在地区、部门之间人为地筑起不合理的、亲疏有别的法律屏障"，"对身处其中的不同竞争主体来说，会成为鼓励激发网络不正当竞争行为的诱因。执法过程一旦偏离了公平、公正的轨道，就无法实现甚至背离立法的宗旨，势必导致守法主体心理失衡，进而造成其所信赖的价值标准的扭曲，最终使守法主体逐渐演变为违法主体"。①

2. 网络不正当竞争行为的特殊性

网络不正当竞争行为技术性能强大、侵害范围广泛、危害性质恶劣。新技术使网络不正当竞争手段前期隐蔽性强，后期取证困难。在网络不正当竞争中，消费者处于绝对弱势，成为竞争双方博弈的砝码，合法权益更容易遭到侵害。

---

① 杨光. 我国保险竞争法律问题研究. 硕士学位论文，吉林大学，2004.

与实体经济的不正当竞争行为相比，网络环境下的不正当竞争具有以下特殊性。

一是跨国性。互联网将全世界全天候联系在一起，网络不正当竞争行为常常是跨越国界的。在互联网发展的早期曾发生过这样的案例，利用国内企业缺乏电子商务意识的空子，不少境外公司用汉语拼音抢注了大量知名企业的域名，再高价强行卖给国内的相关企业。因涉及各国的司法管辖权、国内法、申请执行等种种问题，被侵权企业很难及时有效地保护自己的权利。

二是隐蔽性。网络不正当竞争行为都是在虚拟的环境中进行的，导致侵权证据难固定、侵权行为难查明和管辖难确定。与传统现实世界中的不正当竞争行为相比，具有很强的隐蔽性。

三是技术性。网络不正当竞争通常是通过先进的网络技术实施的，如软件攻击、软件捆绑、抢注域名、不当链接、设置他人关键词、擅自更改用户主页等，因为有很高的专业技术含量，基层执法部门在处理这类案件时难免会感到棘手。

四是不确定性。这里既指网络不正当竞争行为认定上的不确定性，也指被侵害对象的不确定性。由于网络立法的滞后，在网络不正当竞争行为的认定上，只能适用现有的《反不正当竞争法》，这导致无法依据传统法律对某些网络不正当竞争行为定性。在网络不正当竞争中使用"最、行业领先、中国领先"等宣传语，涉嫌侵害同行业不特定经营者权益，即使被起诉，权利人利益是否受损、如何确定赔偿数额等都成了审理难点。

五是严重危害性。网络是一个开放的平台，随着经济的全球化，竞争在世界范围内展开，网络不正当竞争行为传播快、影响大、所造成的社会危害也因此更加严重。

六是复杂性。网络不正当竞争的泛滥也吸引了众多唯利是图的商家，催生出不少专业从事"网络不正当竞争"的企业。例如在企业网站推广过程中，由企业承包给网络推广商，网络推广商再分包出去，有些甚至多重分包。在推广过程中，实施不正当竞争行为的并非是被推广的企业，也不是承包商，而是处在最底层的分包商。而这些分包商就是专业从事"网络不正当竞争"的企业，既专业又隐蔽，使得网络不正当竞争行为远较现实社会中的不正当竞争行为复杂。

市场主体应当对自己与其他竞争者的竞争行为的正当性作出准确认识和

判断。特别是在充斥着新技术、新产品的信息产业中，竞争者之间发生的冲突，到底是源自技术问题的正常的冲突，还是不正当竞争行为？在进行判断时，一方面应当紧扣不正当竞争行为的本质特征，即行为违反诚实信用等商业惯例的特性加以分析判断，另一方面应以技术层面上该冲突是否可以避免为标准，判断是存在正常冲突还是存在人为纠纷。在百度在线公司诉北京 3721 公司侵犯"百度搜霸"软件著作权及不正当竞争纠纷案中，北京 3721 公司坚持自己的软件和百度在线公司的软件相互阻碍对方运行的现象是正常的冲突，但事实证明这里并不存在技术上不可克服的冲突。所以，北京 3721 公司对造成冲突的行为的性质应该说存在着有意或无意的判断错误，最终不仅要为自己的不法行为承担责任，而且对他人行为性质的错误判断使之无法因他人不法行为而获得救济。

市场主体不仅应当诚实经营，也应当及时、适当地制止其他市场主体的不正当竞争行为。以牙还牙是处理纠纷的原始方式，早已被人类文明视为野蛮的报复行为。在现代法律制度下，每个市场主体应为自己的行为承担法律责任，违法行为人并不能以对方从事不法行为为由，为自己的违法行为开脱法律责任。这样的规则同样适用于网络世界。根据案件确定的事实，百度在线公司实施不正当竞争行为在先，之后又出现双方相互阻碍对方软件运行的不正当竞争行为，至后来"3721 网络实名"软件升级，在系统目录中出现 cnsninkp 文件之后，北京 3721 公司的软件阻止百度在线公司的软件正常下载、安装、运行。虽然双方的行为均构成不正当竞争行为，但民事纠纷实行不告不理原则，本案中的北京 3721 公司容忍百度在线公司的不正当竞争行为，不予制止，反而自己也从事报复性的不正当竞争行为，结果是北京 3721 公司除对自己的行为要承担相应法律责任外，因为没有合理主张自己的权利，因他人的不正当竞争行为遭受的损失也得不到赔偿。虽然我国设置了专门的行政执法机关，会从维护公共利益的角度出发，依职权约束和制止不正当竞争行为，但当事人通过主张个体权利制止不正当竞争行为仍是维护公平竞争的最重要的、独立的合法措施。建议市场主体及时合理合法地主张权利，制止不正当竞争行为的发生。

2017 年《反不正当竞争法》第 6 条第 3 项将域名等纳入商业标识的保护范围，规定，"经营者不得实施下列混淆行为，引人误认为是他人商品或者与他人存在特定联系：擅自使用他人有一定影响的域名主体部分、网站名称、网页等"。这是从法律层面，将"有一定影响的域名主体部分、网站名称、网页等"网络环境下的商业标识纳入直接的商业标识保护。随着互联网的发展，前些年产生了域名与其他商业标识的权利冲突。当然，除此之外，还可能涉及其他商标侵权情形。①被告域名或其主要部分与原告域名相同或者近似，足以造成相关公众误认的，属于该条规定的"构成侵权或者不正当竞争"的情形之一。因使用相同或者近似域名造成相关公众误认，导致市场混淆的，定性为不正当竞争行为更为准确。②上述司法解释主要解决注册、使用域名等行为构成侵权或者不正当竞争的问题，而不是域名被仿冒问题。域名具有一定影响时，也可以成为商业标识而被仿冒，可以构成不正当竞争行为。司法解释对此也予以规定，如"与原告的注册商标、域名等相同或近似，足以造成相关公众的误认"的规定。

《最高人民法院关于审理涉及计算机网络域名民事纠纷案件适用法律若干问题的解释》所使用的措辞也是"涉及计算机网络域名注册、使用等行为的民事纠纷"，但其主要针对的是"抢注"域名、侵犯在先注册商标或者企业名称等的行为。2006 年，北京市高级人民法院公布了《关于审理因域名注册、使用而引起的知识产权民事纠纷案件的若干指导意见》(京高法发〔2000〕276 号发布)，更是专门针对"抢注"域名行为的相关法律适用意见。如该意见的规定与上述意见、司法解释制定当时域名刚刚兴起、"抢注"域名为多发现象的背景有关。但是，随着互联网本身的发展，域名的重要性和独立性都不断增强，对域名保护的独立定位越来越重要。既然域名可以是一种合法权益，同样也会发生商标(包括注册商标)、企业名称侵犯在先域名的侵权行为。在司法实践中，域名已经被作为在先权进行保护。例如，在阿里巴巴公司与商标评审委员会、正普公司商标确权案件中，正普公司在第 38 类信息传送等服务上注册"阿里巴巴 alibaba 及图"商标之前，"阿里巴巴"或"alibaba"网络服务标识已经在网络具有了一定的影响和知名度，并且足以为同一行业经营者的正普公司知晓或应当知晓。由此认定，正普公司申请注册的"阿里巴巴 alibaba 及图"商标应予撤销。③因此，域名更适宜将其作为一种独立的商业标识。鉴于在互联网时代域名等商业标识越来越重要，法律遂承认其独立的商业标识地位。

---

① 王瑞贺. 中华人民共和国反不正当竞争法释义. 北京：法律出版社，2018：16.
② 浙江省温州市中级人民法院（2006）温民三初字第 37 号民事判决书。
③ 北京市高级人民法院知识产权庭. 专利商标案件审理中的若干问题. 中国专利商标，2007，3：98.

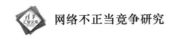

2.3 网络竞争中相关市场的界定

当今世界数字经济迅猛发展，在网络出现一大批互联网巨头，这些互联网企业为广大用户提供各种各样的网络服务，在极大地满足了广大用户工作、生活、学习需求的同时，也引起了各国反不正当竞争执法机构对互联网行业可能产生的不正当竞争问题的关注。搜索巨头 Google 在美国、欧盟、俄罗斯、印度等地遭受反垄断调查，电商巨头 Amazon 也在欧盟遭受反不正当竞争调查。此外，社交网络巨头 Facebook 正遭受德国联邦卡特尔局的反不正当竞争调查。这些反不正当竞争司法辖区已经高度重视数字经济领域可能存在的不正当竞争问题，尤其以互联网行业为代表，可见有些国家或地区对互联网行业的反不正当竞争执法已经走向深水区，执法实践案例和相关理论不断充实和发展，目前讨论比较多的包括互联网行业的相关市场如何界定、传统反垄断分析框架如何适用于双边市场和多边市场、个人数据保护是否应该作为非价格竞争分析因素置于竞争分析框架之中、在线市场的最惠国待遇条款是否构成不正当竞争等。这些问题的讨论都有助于深刻认识互联网行业反不正当竞争的特殊性，引导大家关注传统反不正当竞争规制理论如何有效和科学地适用于充满颠覆性创新①的互联网行业，以保障互联网行业的自由竞争和动态竞争。

关于通过互联网实施的捆绑销售、强制交易、附加不合理交易条件等涉嫌滥用市场支配地位的不正当竞争行为，引起了对网络竞争中相关市场界定的广泛关注。网络竞争中，没有一个普遍的"传统智慧"指导反不正当竞争进行。②迎合不同客户群体需求而形成的网络的多边平台并非新鲜事物，然而，伴随着相关产业的发展壮大，在《反不正当竞争法》领域，网络的反不正当竞争行为是一项新事物，因此，即使是反不正当竞争规则制度较为成熟的欧美国家在该方面的执法和司法经验也较为匮乏。

---

① 颠覆性创新也称破坏性创新（disruptive innovation），主要特征是通过开辟新市场的方式避免与现有市场主体面对面竞争，老牌企业难以发现这些新产品出现，但一种新产品或新服务形式一旦站稳脚跟，将不断蚕食现有市场主体的市场，最终可能会导致老牌企业的倒塌。

② 劳尔斯·柯约比. 互联网产业：多边市场和竞争规则的适用. 竞争政策研究，2015，2：26.

2.3.1　网络多边平台相关市场界定的分析

由于多边平台的产生和发展增加了对于相关市场进行界定的难度。多边平台的交叉网络外部性特征决定了一边平台的变化会对其他平台的需求产生相应的影响。[①]

网络多边平台各边外部性的关系对其相关市场的市场控制力方面的影响。[②]网络交叉外部性是多边平台的核心特征。互联网无形市场的存在形式，又使这种特征给相关市场界定带来更大的困难。对平台各边之间的网络外部性有明确的认识和界定并非易事，也不可能一蹴而就，但千里之行，始于足下，只有通过理论和实务两方面共同的努力，去判断互联网企业在某一边平台市场中的支配地位是否会对其他平台相关市场产生影响以及会产生怎样的影响，才能不断提升对多边平台的相关市场进行界定的准确性。

从美国的微软反垄断案到 Google、雅虎等在美国、欧洲受到的反垄断调查，再到我国百度的"竞价排名"案件，互联网产业不正当竞争案件的数量不断增加，针对互联网产业实施的关于捆绑销售、强制交易、附加不合理交易条件等涉嫌滥用市场支配地位的行为开展的一系列反不正当竞争调查引起了社会的广泛关注。

在对互联网产业反不正当竞争案件进行针对性分析的过程中，相关市场的界定无疑是第一个应当被思考的问题。纵观互联网巨头的反不正当竞争案件，相关市场的界定既具有基础性意义，同时又往往是争议的焦点问题，尤其是在双边甚至是多边互联网平台。在互联网市场之中，没有一个普遍的"传统智慧"指导反不正当竞争进行。[③]

互联网环境下的多边平台现象是其最为显著的特征之一，同时也对传统的相关市场界定带来了前所未有的挑战。迎合不同客户群体需求而形成的互联网环境下的多边平台并非新鲜事物，然而伴随着相关产业的发展壮大，在《反不正当竞争法》领域给予互联网环境下的多边平台一个明确的定位并及时针对该

[①] 林平，刘丰波. 双边市场中相关市场界定研究最新进展与判例评析. 财经问题研究，2014，6：25.

[②] David S. Evans: Multisided Platforms, Dynamic Competition and The Assessment of Market-Power for Internet-based Firms. University of Chicago Coase-Sandor Institute for Law & Economics Research Paper No.753.

[③] 劳尔斯·柯约比. 互联网产业：多边市场和竞争规则的适用. 竞争政策研究，2015，2：26.

种平台的特点适时更新竞争规则的适用就具有了突出的重要性。这种重要性不仅来自互联网环境下平台本身发展的需要，更是因为相较于实体的企业，互联网自身的特点使其天然更具有集中的趋势，容易使个别大企业具有市场支配地位，从而带来实施相关不正当竞争行为的可能性。

面对互联网多边平台发展给相关市场界定带来的新问题、新情况，各国反不正当竞争法和司法机关在相关市场的界定中进行了许多改革，但同时也存在许多问题。互联网产业反垄断是一项新事物，因此，即使是反垄断规则制度较为成熟的欧美国家在该方面的执法和司法经验也较为匮乏。在一些早期案例中，法院在作出反垄断判决时，对相关市场界定的问题有意采取了模糊甚至是回避阐述的态度，不主动对该方面的问题进行说明和论证。例如在 Kinderstart.com LLC v. Google Tech.Inc.案件中[1]，法官在判决中指出了搜索引擎市场和搜索广告市场之间的区别，也针对原告对被告垄断行为的指控作出了相应回应。但是，法院并没能进一步准确地对双边平台市场进行准确的界定，也没有指出二者之间存在怎样的相互关系或者能否对彼此造成市场支配地位上的相互影响。在该案件中，法官由于对互联网多边平台的特殊性难以把握而对相关市场的界定采取了模糊处理的态度，没有在对竞争影响分析的过程中进行正式完整的相关市场界定。这样对相关市场的淡化处理，很可能会导致竞争规则适用的扩大化，从而产生很多反垄断"伪案"。[2]

交叉网络外部性和价格结构非对称性是互联网多边平台的基本属性，然而在反垄断实际操作中，这两种特征对相关市场界定的影响极为复杂，法官们往往会直接选择忽视多边平台特征的影响。在 2008 年人人信息公司起诉百度垄断纠纷一案中，法院注意到了价格结构非对称性的特征，没有被"免费"的搜索引擎服务本身所限制，将其界定为独立的相关市场，这是我国反垄断法的进步。但是搜索引擎作为一个多边平台，其所在的相关市场至少应该包括服务使用者通过平台满足自己对搜索内容的需要（搜索引擎服务层面）；广告商针对搜索内容通过平台发布相关广告（搜索引擎广告层面）；满足用户搜索需求的网站通过平台向用户提供搜索的结果（搜索引擎内容层面）。[3]而在"百度案"

---

① Kinderstart. com LLC. v. Google Tech., Inc., No.C 06-2057 JF RS, N. D. Cal., March 16, 2007.

② 关于反垄断"伪案"，参见郑文通. 我国反垄断诉讼对"滥用市场支配地位"规定的误读. 法学，2010，5：47.

③ See Thomas Hoppner, "Defining Markets for Multi-Sided Platforms: The Case of Search Engines". World Competition 38, no. 3 (2015). page 356.

中，法院忽视了平台各边之间的交叉网络外部性影响，没有将搜索引擎用户数量的增减与搜索引擎广告市场的规模和吸引力紧密联系起来，仅机械地将企业所占市场份额高的市场界定为相关市场。各个平台市场间的相互关系没有得到确定和明晰的梳理，简单地将与原告没有直接关系的搜索引擎服务市场界定为该案的相关市场，忽视了百度公司作为一个多边平台的互联网企业，还存在着在其他平台上的广告服务市场，等等，形成了对百度"竞价排名"行为所在相关市场的不准确界定。

在法国 Bottin Cartographes v. Google 案中，原告提供收费 B2B 在线地图服务，而被告 Google 则向公司客户提供免费的在线地图服务。巴黎商事法庭在判决中指出，Google 在法国搜索引擎市场上占有事实上的垄断地位，由于搜索引擎市场、广告市场、在线地图市场之间存在紧密的联系，所以被告 Google 能够顺畅地将其在搜索引擎市场上的市场支配地位传导至广告市场和在线地图市场，从而在广告市场和在线地图市场上同样占有支配地位。巴黎商事法庭在该案的判决中注意到了搜索引擎多边平台交叉网络外部性的特征，却忽视了其价格结构的非对称性。判决中没有分析搜索引擎多边平台不同用户群体对价格的不同反应，直接将其界定为一个单边市场，适用单边市场分析方法，支持认定 Google 向公司客户免费提供在线地图服务是滥用支配地位行为。这样直接将多边平台界定为单边市场的行为，无疑使反垄断案件审理中的法律分析和逻辑推理变得简洁、明确。然而，将经营者被认定在相关市场上是否占有支配地位，确定为启动反垄断法干预的唯一标准值得商榷。

2016 年 8 月 1 日，滴滴出行宣布收购优步中国全部资产的消息因涉及反垄断规制引起了广泛关注，该收购行为与 2014 年美国司法部指控 Bazaarvoice 非法收购 Power Reviews 一案情形类似。Bazaarvoice、Power Reviews 都属于在线产品评分及评论网站，由于交易金额未达到反垄断法规申报标准，2012 年 6 月，Bazaarvoice 未经政府审查收购了 Power Reviews。但不久美国司法部就对这项交易展开了反垄断调查，并向加州北区地方法院提起诉讼，指控 Bazaarvoice 通过收购 Power Reviews 消除了唯一的主要竞争对手，很可能会压制价格竞争和大幅削弱在线评分及评论网站的创新空间，违反了反垄断法。2014 年 1 月，法院作出判决支持司法部的诉讼请求。法院在判决中注意到了 Bazaarvoice 和 Power Reviews 作为互联网多边平台的特点，然而在对其进行需求替代性分析的过程中，没有能够对交叉网络外部性导致使商户数量和用户数量之间的双边需求互相影响进行综合考量，还是采用了单项进行的需求替代性分析。在竞争约束方面只考虑了提供类似收集整理客户信息的专项平台，没有将其他也提供评分功能的综合性多边平台纳入竞争关系，判定被告可以利用集中在评分市场所占的份额形成垄断地位，这实际上造成了对相关市场界定的狭隘性。互联网多边平台在选择使整体利润最大化的价格结构时，既要考虑各边的需求弹性和边际成本，也要考虑各边需求之间的关系和平台运行的成本。为了取得企业利润最大化而采取的价格倾斜策略，使价格成本分析更为困难。这种困难性在平台向部分用户提供免费产品和服务的情况下表现得更为明显，该案中即是如此。Bazaarvoice对于发表评价的用户一边采取了免费的模式，而判决中的价格分析并未充分体现对免费用户影响平台另一边价格的考量，仅关注其向企业收费的相关市场，法院没有在对多边平台的特征有明确认知的前提下，针对需求替代关系和价格成本关系的复杂性有效地调整相关市场的界定。通过上述典型案例分析，可以得知，互联网产业反垄断，竞争规则的适用，面临着相关市场界定的存在必要性被淡化、互联网多边平台特征被忽视等问题，在一些案例中，即使在多边平台的特征被认识到的情况下，也可能由于竞争约束的复杂性和价格成本的复杂关系，而不能得出准确的相关市场界定结果。基于实践中出现的种种问题，相关市场的界定需要被重新检视。

由于多边平台的产生和发展增加了对于相关市场进行界定的难度，因此，一些学者针对互联网产业提出淡化相关市场界定，直接认定滥用市场支配地位的垄断行为的观点。对于这种观点，笔者持保留意见。所谓"滥用市场支配地位"，其基础应当是垄断者拥有"市场支配地位"。然而，如果不在反垄断实施的一开始就对相关市场进行界定，那么何来"市场"？又如何确定"市场支配地位"？

因此，相关市场的界定在互联网企业反垄断中一样具有基础性意义，不能因噎废食，通过淡化和模糊的方式来回避对相关市场的界定问题。传统上仅通过市场份额来判定市场势力的认定方案，固然存在问题，但解决问题的方式应当是在肯定相关市场成立，且明确其范围的情况下，通过改革原有方式，发现新方法，去认定市场主体的市场势力，而并非对相关市场界定本身的彻底摒弃。

多边平台的交叉网络外部性特征决定了一边平台的变化会对其他平台的需求产生相应的影响。平台经济学的一个基本观点是：消费者福利取决于平台各边的聚合效应。[1]关键问题在于：某一边平台产品设计改变之后，这一变更

---

① Koren Wong-Ervin. 多边平台的经济学分析及反垄断启示. 竞争政策研究，2016，3：33.

的效益与成本会传递到整个平台上。这种改变可能会产生正交叉网络外部性，也可能会带来负交叉网络外部性；正交叉网络外部性可能是利润的提高，而负交叉网络外部性可能就是成本的增加。这种利润和成本的改变会传递到整个多边平台之上。

根据产业实践角度的不同，互联网双边平台又被分为市场创造型、受众制造型和需求协调型三种。有学者根据每一种市场类型交叉网络外部性的不同，分析了垄断力量在不同双边平台中的传递情况。即双边市场具有正交叉网络外部性的条件下，平台一边的市场支配力量可以经平台向另一边传递，而在具有负交叉网络外部性的条件下，则不存在市场支配力量从平台一边向另一边传递的问题。进而根据垄断力量传播与否对互联网企业反垄断指控作出不同应对。① 虽然学界对于上述观点中支配力量具体的传递过程和影响有不同意见②，但是，这种对垄断力量在平台各边传递进行分析的思路，对于多边平台的反垄断具有重要的借鉴意义。

针对多边平台各边外部性的关系对其相关市场的市场控制力方面的影响，有学者提出以下观点：多边平台每一边的市场力量，不管是增加价格还是减少需求的形式，均会受到平台其他边交易减少的限制，这样的限制会削弱互联网企业在相关市场中的市场力量。互联网多边平台企业为了免于这样的风险，会尽可能地保持较低的价格水平和较高的产品服务质量。基于这样的网络外部性的影响，为了提供一个可靠的相关市场和市场竞争力的评估，不同客户群体之间需求的相互依赖性应当被细致地加以分析。与此同时，当平台向某些用户提供免费的服务时，对无价格的市场的竞争也要予以高度的关注。此外，市场份额的概念在确定相关市场和市场力量的过程中要被谨慎地使用，特别是当它只反映平台某一边情况的时候，不要因为平台某边的免费服务就忽视其外部性的相互依赖作用，也不要因此就判定平台免费一边的价值不具有经济上的意义。③

---

① 蒋岩波. 互联网产业中相关市场界定的司法困境与出路——基于双边市场条件. 法学家，2012，6：72.

② 林平，刘丰波. 双边市场中相关市场界定研究最新进展与判例评析. 财经问题研究，2014，6：25.

③ David S. Evans: Multisided Platforms, Dynamic Competition and The Assessment of Market-Power for Internet-based Firms. University of Chicago Coase-Sandor Institute for Law & Economics Research Paper No.753.

2.3.2　网络滥用市场支配地位行为

如今，老百姓的日常生活无时无刻不在与各个互联网平台发生联系，每天都离不开微信、钉钉、支付宝、百度搜索、爱奇艺、滴滴打车，将这些 APP 安装到一部手机，就能解决衣食住行问题，极大地方便了人们的生活。互联网平台在服务社会，为千家万户提供方便、快捷的互联网服务的同时，也实现了自身的壮大发展，成为中国走向世界的企业名片。目前，百度、腾讯、阿里巴巴、京东、滴滴、美团等平台规模不断壮大，已逐渐在自身领域形成了某种特殊的"垄断"——平台垄断。

近年来，美国和欧盟等国家，同时开始对 Google、Facebook 等掌握大数据及其运算分析技术的国际知名平台进行反垄断调查，日本、欧盟、加拿大、澳大利亚等以及 OECD（经济合作与发展组织）等组织都陆续发布了相关的调查报告。其中，德国经过多年的探究，于 2017 年 3 月正式通过反限制竞争法（GWB）第九次修订，并于同年 7 月生效，在界定市场支配地位时，考虑互联网创新、数据等相关因素，对于创新行业的经营者也集中纳入审查范围内，成为全球首个针对数字经济修订反垄断法的国家。因此，在我国互联网平台不断壮大走向世界的同时，也需要关注他们在国际上面临的困境与难题，以及相关互联网平台垄断方面的政策问题。

综观欧盟委员会近年来对科技密集型行业的竞争执法实践，滥用市场支配地位的行为是欧盟委员会启动调查的主要缘由。特别是在网络，在每一个细分市场中，都呈现出一两家企业独占鳌头的格局，而且由于马太效应和网络效应，一两家领先的企业通常占据较高的市场份额。这种格局较容易引起竞争执法机构的关注，因为在传统行业，较高的市场份额是企业拥有较强市场势力的重要指标。

在反垄断法框架下分析滥用市场支配地位行为，通常需要经过以下几个步骤：①界定相关市场，②评估支配地位，③认定滥用行为，④效率抗辩。在网络中，界定相关市场是很困难的，互联网市场中各产品或服务的边界并非清晰，再加上多边市场的特征和向用户免费提供服务的商业模式，传统的一些界定相关市场的方法（如假定垄断者测试）并不能直接适用于互联网行业中，相对科学和合理地界定互联网的相关市场是竞争执法面临的重要挑战。此外，在认定支配地位方面，既然市场份额不是很好的指标，那就需要找到其他更具有指引性的标准。对于支配地位的认定离不开对网络效应的考虑，离不开对多数据现象的考虑，特别是在大数据时代背景下，更离不开对数据的考虑，这些都是竞争执法机构对网络中的滥用行为进行执法不得不考虑的重要因素。

垄断协议通常具有极强的隐蔽性，往往不以书面的方式存在，而采取口头协议甚至是心照不宣的默契，这就使得其很难被发现以及取证。例如，采用了网络平台微信群交流的方式。可以想象，随着科技的发展，新的达成垄断的方式定会更加多样，愈加隐蔽。因此，坚持采用宽恕制度是十分有效且必要的。在我国行业协会只要达成横向垄断协议就违法，会被处以 50 万元以下的罚款，因此在调查取证中，企业往往会否认垄断协议的存在。而宽恕制度就可以瓦解垄断者的联盟，其鼓励参与垄断协议者的自首与告发行为，通过减免处罚甚至奖励的方式，先进行主动报告的往往享有更大的减免。这种制度安排就给垄断集团中各个成员施加了压力，谁也不知道同谋者是否会成为泄密者，而类似"囚徒困境"的报告规则，则会加剧这种不信任感，从而导致垄断联盟内部的崩塌，这有利于垄断案件的解决，也震慑了蠢蠢欲动者的内心。我国现今早已引入了宽恕政策，《反垄断法》第 46 条第 2 款，《工商行政管理机关禁止垄断协议行为的规定》第 11 条、第 12 条，《反价格垄断行政执法程序规定》第 14 条等众多的法律法规条文构成了较为完整可操作的宽恕政策实施规则。但是，或许是因为宣传的力度较小，或许是中国人信义思想的影响，其效果并没有想象的那么好。举例来说，如果企业间结成了垄断联盟，这时一家企业向垄断执法机关报告，那么他可能会得到处罚金额的减免，但是他很可能会被整个行业所抛弃，遭受隐性的打压，因此举报人也往往会放弃举报的念头。一方面，传统的对于举报人的保护措施，如保护举报人的信息，严禁对于举报人进行打击报复等因为对象是公司法人而难以执行。另一方面，企业追求利益的最大化，而宽恕减免的损失相较于可能遭受的行业打压来说往往更低，并不值得企业去"冒风险"。这就陷入了一个难解的困境，行业内部对于某个"不讲规则"企业的隐性打压是很难被认定与规制的，而政府层面也不好对于举报企业予以帮助与补偿，因为举报企业仍是违法企业，而奖励违法企业明显违背了传统的正义观念。在基础的利益衡量之下，宽恕政策很难有效实施。

综上，宽恕政策的实施，必须要和我国国情相适应，并加以改善。而针对现今国内的情况，首先，要加大对于宽恕政策的宣传，因为政策本身，就是一把利剑，任何垄断协议在达成时，都需要考虑到内部告密的风险，这本身就是一种威慑。其次，要加大垄断行为的惩罚力度。有时候也需要加大处罚力度，提高罚款比例，才能有效治理垄断行为。只有惩罚力度足够大了，减免才会有更多的意义与吸引力，当然这也要注意度的把握。再者，区分达成垄断协议与实施垄断协议时的宽恕政策，给予达成垄断协议时举报检举企业更大幅度的减免，从而避免后续实施时对市场的破坏。最后，要做好对举报企业的保护。如果企业因为举报而遭受恶意打压，政府要予以保护，当政府不方便出面时，行业协会，甚至国有企业需要有所作为，维护一个公正法治的经营环境。经商信义很重要，但依法经营是前提与底线。我国对于达成、实施垄断协议行为，其制裁只局限于民事与行政手段，而缺乏强有力的刑事制裁。而对于达成、实施垄断协议这一行为来说，其严重破坏了市场经济秩序，对产业链及终端消费者的合法权益都造成了极大破坏，相较于已入刑法的"损害商业信誉、商品声誉罪""虚假广告罪""串通投标罪"来说，危害明显更大。对于达成并实施垄断协议，造成严重后果的行为，应该是可以通过刑法来进行规制的，这样才能做到罪责刑相适应，提高违法成本，减少犯罪。市场经济生活是丰富多彩的，新的事物会不断涌现，限制市场竞争的手段也将不断更新迭代，这是发展的必然结果。但是，我们知道一些本质的、原则性的东西是不会变的，把握住根本，就能分清对错。面对新的方式的出现，新的情况的发生，整个法律职业共合体也要做好准备。在一个较新的、不明晰的事物出现时，我们要做的不是排斥与拒绝，而是应该接纳，更多地去尝试，不断发现问题、解决问题，才能更好地发展并前行。

1. Google 滥用市场支配地位案

1）美国 FTC 调查 Google 涉嫌实施搜索歧视行为

2011 年 6 月，美国 FTC（联邦贸易委员会）对 Google 启动反垄断调查，调查 Google 搜索服务和广告服务是否违反反垄断法。经过 20 个月的调查，2013 年 1 月，FTC 与 Google 达成和解协议，Google 同意对其核心搜索业务进行自愿、非约束的整改，FTC 未对 Google 施加任何制裁。[①]

在 FTC 对 Google 的调查中，Google 涉嫌实施搜索歧视行为是被调查的重点，这种歧视行为可能涉及反垄断法中的滥用市场支配地位。但是，经过长时

[①] Statement of the Federal Trade Commission Regarding Google's Search Practices, https://ftc.gov/system/files/documents/public_statements/295971/130103googlesearchstmtofcomm.pdf, 2017-07-27.

间调查后，FTC 得出结论认为，没有充分证据表明 Google 操纵搜索结果以排除竞争对手，FTC 认为 Google 的搜索技术和其他算法调整虽然可能影响其他竞争者，但可被视为对改进 Google 的产品和改善用户体验所进行的技术创新。

与此同时，Google 向 FTC 作出承诺，Google 将对使用其他网站内容方式进行调整，允许网站拒绝 Google 在其搜索页面上提供片段信息，同时解除对于广告商使用其他广告平台的限制，允许广告商向其他平台导出数据并为此类导出提供便利。

2）欧盟调查 Google 涉嫌滥用搜索、安卓操作系统以及在线搜索广告的市场支配地位

欧盟对 Google 的反垄断调查力度是空前的。截至 2016 年 7 月，欧盟已经对 Google 提起三项反垄断指控，分别涉及 Google 的搜索服务、安卓操作系统以及在线搜索广告服务。欧盟委员会在这三起反垄断指控中，主要关注的是 Google 利用其在搜索领域、安卓操作系统领域以及在线搜索广告领域的市场势力从事歧视性行为或搭售行为或排他性行为，这些行为涉嫌排挤竞争对手，可能产生限制竞争的效果。

关于 Google 涉嫌滥用搜索领域的市场支配地位，欧盟委员会的关注重点在于 Google 在显示搜索结果时，有意识地凸显自身提供的产品与服务，可能会将其在搜索服务领域的市场势力传导至与搜索服务存在纵向关联的相关市场，可能将排挤这些关联相关市场的竞争对手。[①]虽然 Google 曾多次向欧盟委员会提交承诺，试图通过修正自身的行为以结束调查，但是欧盟委员会并不满意 Google 提出的承诺措施，而继续对其实施反垄断调查。

关于 Google 涉嫌滥用安卓操作系统的市场支配地位，欧盟委员会关注及调查的重点包括以下三个方面：Google 通过要求或激励智能手机和平板生产商排他性地预装 Google 自己的应用程序或服务是否会非法地阻碍竞争对手的移动应用程序或服务的发展和市场进入；Google 是否阻止那些希望在一些安卓设备上安装 Google 的应用程序和服务的智能手机与平板生产商开发和营销改版过的且存在潜在竞争的安卓版本，因此非法地阻碍竞争对手的移动操作系

---

① 欧盟委员会官网：http://europa.eu/rapid/press-release_IP-10-1624_en.htm?locale=en，2017-07-27.

统、移动应用或服务的开发和市场进入；Google 是否通过将分布于安卓设备上的应用程序和服务与 Google 的其他应用程序、服务和/或应用程序接口进行搭售或捆绑的形式非法地阻碍竞争对手的应用程序与服务的开发和市场进入。[①]

关于 Google 涉嫌滥用在线广告领域的市场支配地位方面，欧盟委员会认为在过去的 10 年间，Google 在线上搜索广告市场拥有绝对的市场支配地位，市场份额高达 80%。Google 与大量第三方网页签订相关搜索广告中介协议，这些第三方网页被称为"直接合作伙伴"（direct partners）。欧盟委员会担心 Google 与这些直接合作伙伴签订的协议中的以下条件违反了欧盟反垄断规定。

排他性：要求第三方网页不接受 Google 的竞争对手的搜索广告。

对 Google 搜索广告有最低数量的要求和优先位置的要求：要求第三方接受不得少于一定数量的 Google 搜索广告，并且要求为 Google 搜索广告在搜索结果页面中保留最显著的位置。此外，Google 的竞争对手的搜索广告不得被置于 Google 广告的上面或紧邻着 Google 广告。

有权批准竞争对手的广告：要求第三方在对 Google 的竞争对手的广告展示作出任何变更前应该获得 Google 的同意。

欧盟委员会初步认为，Google 的上述行为阻碍了线上广告市场的竞争，减少了消费者的选择，破坏了创新。欧盟委员会也注意到，Google 面对反垄断调查过程中，近期已经决定变更与直接合作伙伴签订协议中的相关条件，并给予这些第三方网页更多展示 Google 竞争对手的搜索广告的自由。欧盟委员会也将密切关注 Google 的变更行为，同时评估这些行为对市场的影响。[②]

2. Facebook 在收集用户数据过程中涉嫌滥用市场支配地位

2016 年 3 月，德国联邦卡特尔局（Federal Carfel Office）发出公告，称其已对 Facebook 涉嫌滥用市场支配地位行为启动反垄断调查，并初步怀疑 Facebook 设定的使用其服务的条件违反了数据保护条款，同时从反垄断法角度来看，Facebook 对用户施加不公平的条件呈现出其滥用市场支配地位。执法机构表示将同时调查其他的一些问题，并判断 Facebook 使用条款与其可能的市

① 欧盟委员会官网：htp://ec.europa.eu/competition/antitrust/cases/dec_docs/40099/40099_1830_3.pdf，2016-07-27.

② 欧盟委员会官网：http://europa.eu/rapid/press-release_IP-16-2532_en.htm，2017-07-27.

场支配地位之间存在何种程度的联系。①

德国联邦卡特尔局初步判断，Facebook 在社交网络市场具有市场支配地位，其通过各种渠道收集大量个人用户数据，并通过创建用户文件夹的形式，使其广告客户能够更有针对性地开展广告活动。为了获得社交网络服务，用户必须首先通过接受服务条款来同意 Facebook 收集和使用他们的数据。对于用户而言，他们很难了解和评估他们所接受的服务协议的范围。在数据保护法律方面，Facebook 的这种做法是否被容许，存在很大疑问，如果这种涉嫌违法行为与市场支配地位存在联系，则这种行为也可能构成反垄断法项下的滥用行为。

在大数据时代，国外反垄断执法机构越来越关注数据保护与反垄断之间的关系，如在此案中，德国联邦卡特尔局初步认为，Facebook 在收集用户数据的过程中可能涉嫌滥用支配地位。对于用户个人数据保护是否与反垄断有联系，目前还没有定论，但有支持将个人数据保护或个人隐私保护的问题纳入反垄断法框架下予以监管的声音。具体到本案中，Facebook 与其用户之间没有金钱交易关系，但用户免费使用 Facebook 的服务的同时，Facebook 收集用户的数据，在某种程度上这应视为或已经构成一种交易关系。Facebook 作为社交网络领域的互联网巨头，德国反垄断执法机构可能更关注，Facebook 在收集用户数据过程中是否要求获取不必要的数据以及是否没有向用户充分阐释其获取到了哪些数据。

综上所述，互联网环境下的多边平台的发展代表了当今世界经济发展的潮流和趋势，同时也给反不正当竞争法领域带来了新的挑战。目前在多边平台的概念确认和相关市场的分类和界定方面还存在着诸多争议，尚未出现形成高度统一的学界共识或者是指导反不正当竞争司法和执法机关行为的一般规则。从理论分析上来说，对于多边平台各边所在相关市场的界定并非难以完成，但在实际操作中，要求用规范的经济模型和测试来对理论研究的结果进行检验确定，则囿于各种因素的影响，而变得相当困难。尽管如此，相关市场基本内涵和概念本身仍然是反不正当竞争法对互联网产业多边平台进行规制的基础，需要改变的是具体的思考方式和界定方法。

认识和研究互联网企业多边平台多边供给、多边需求的构成特点和价格结

---

① 德国联邦卡特尔局官网：http://www.bundeskartellamt.de/SharedDocs/Meldung/EN/Presse-mitteilungen/2016/02_03_2016_Facebook.html?nn=3591568，2017-07-27.

构的非对称性、交叉网络外部性的特征，并在此基础上对相关市场测试方法作出调整和改进，同时引入新的分析工具，以科学有效地确定平台各边的相关市场，从而实现对多边平台竞争行为的有效规制，这是《反不正当竞争法》为适应多边平台的互联网经济发展所做的必要变革，同时也是运用《反不正当竞争法》更好地规制市场行为，促进互联网经济良性发展的必经之路。

第3章
网络不正当竞争行为的类型分析

　　2018年底，腾讯公司与世界星辉公司不正当竞争纠纷（"世界之窗案"）二审落下帷幕，北京知识产权法院一纸判决将原审推翻，认定被上诉人世界星辉公司利用其"世界之窗浏览器"过滤上诉人腾讯公司视频广告的行为构成不正当竞争，并判决世界星辉公司向腾讯公司赔偿189万余元。[①]视频广告过滤行为是否构成不正当竞争这一问题，在学界一直有所争论。该案件的改判，让不少过滤软件的支持者刚燃起的希望又被扑灭。这不禁令人好奇，在理论探讨中看似充分的支持理由为何难以被法院采纳，以至于我国司法实践针对该问题的判决几乎呈现一边倒的态势？[②]在互联网时代，对视频广告过滤行为做定性分析时，《反不正当竞争法》一般条款是否仍然存在指导价值？特别是，在该案中，二审法院为证明视频广告过滤行为的不正当性，在判决中援引了经济学分析报告，认定广告过滤行为有损社会总福利，并最终认定该行为侵权。法院在个案中利用学术研究成果作为支撑，是一件值得肯定的事情，但在特定案件中对特定行为进行法律评价时，引用艰深晦涩的理论工具或概念术语之必要性就大打折扣，究竟是否存在更简单易懂的方式来对该特定行为进行法律评价？在当前公开的裁判文书中，涉及此类案件的裁判还未适用新修订《反不正当竞争法》中新增的"互联网专条"。在"互联网专条"颁布后发生的竞争行为能否

[①] 北京知识产权法院（2018）京73民终字第558号民事判决书。

[②] 仅有极少数法院判决认定广告过滤行为具有正当性，如"720浏览器案"，参见广东省广州市黄埔区人民法院（2017）粤0112民初737号民事判决书。

适用专条以及如何适用，仍有待进一步考察。2017 年《反不正当竞争法》"互联网专条"的规定，也有待于对网络不正当竞争行为类型的探讨。

网络环境下的不正当竞争行为虽然是传统市场中的不正当竞争行为在网络空间中的蔓延和变异，但在本质上仍然是违背诚实信用原则、自由公平商业惯例的行为。对网络环境下的不正当竞争行为可以从以下几个方面理解：网络不正当竞争行为的实施场所是数字化、虚拟化的网络市场，随着电视广播网络、移动通信网络、互联网络三者逐步实现连通，这一市场还将会不断地扩展延伸；网络环境下的不正当竞争行为的主体是在网络市场中从事商业活动的经营者，互联网的开放性决定了进入网络市场进行交易的主体身份更加复杂多样。网络环境下的不正当竞争行为突破了传统不正当竞争行为对竞争关系的要求，在网络环境中，不仅存在着同业经营者之间的不正当竞争行为，也存在着为了争取交易机会而损害非同业经营者竞争优势的不正当竞争行为。

综观网络环境下的不正当竞争行为的各种表现形式，可以将网络不正当竞争行为分为两大类：一类是传统不正当竞争行为在网络市场中的延伸，即以网络市场为实施场所的传统不正当竞争行为；另一类是伴随着计算机网络信息技术的发展而出现的新型的网络不正当竞争行为。

3.1　利用网络平台进行的不正当竞争行为

利用互联网平台进行的不正当竞争行为跟传统不正当竞争的行为方式一样，并不需要利用互联网的高技术手段，只是实施不正当竞争行为的场所不同，如通过雇用大量"网络水军"在互联网平台发帖，大肆诋毁商业竞争对手的商誉的行为。由于其作用原理、致害方式和救济途径等与一般的不正当竞争行为相同且可以被现有法条涵盖，因此，学界普遍对此关注较少。而事实上，任何行业和行为一旦与互联网相结合就会产生新的特征，利用互联网平台进行的不正当竞争也不能等同于传统的不正当竞争。即利用互联网平台进行的不正当竞争行为也具有一些新的特征和表现方式，如利用互联网平台进行的不正当竞争行为往往具有隐蔽性很强、影响范围较广、侵权行为主体难以查找等特征。

互联网环境下不正当竞争行为，核心在于不同于传统的不正当竞争行为，

且多以互联网作为平台和渠道，利用互联网技术予以实施。2017 年《反不正当
竞争法》增设第 12 条，即关于互联网领域不正当竞争行为的专条，采取了"概
括 + 列举 + 兜底"的立法技术，将互联网环境下的不正当竞争行为特征概括为
"妨碍、破坏其他经营者合法提供的网络产品或者服务正常运行的行为"。

2017 年《反不正当竞争法》第 12 条保护的对象必须是"合法提供的网络
产品或者服务"，如何理解和适用该互联网领域不正当竞争行为专条，给司法
实践带来了挑战。恶意软件、广告以及非法产品或服务是否属于此列？未取得
ICP（网络内容服务商）、IDC（互联网数据中心）等行政许可的网络服务是否
属于本专条保护对象？该专条中的兜底条款应当如何把握以适应互联网时代
的发展需要？人工智能时代的汇编数据、智能匹配数据、软件数值（如游戏数
值）的合法权益如何认定？平台经济模式下的推荐、排序数据多样化、可变性、
周期性问题、绝对垄断数据的开放与共享问题、数据抓取等行为能否被囊括进
该专条？

3.1.1　网络广告屏蔽行为

近年来，互联网广告市场已经成为整个广告行业的中坚力量。在繁荣的互
联网广告市场的大背景下，互联网广告拦截插件开发者迅速瞄准商机，大量广
告屏蔽、拦截行为频现。随着新技术的发展，互联网广告的形态呈现出多样化
趋势。互联网广告屏蔽行为屏蔽的广告主要包括两类：一类是浏览器网页广告；
另一类是视频网站广告。在国际市场上，前有美国的"Zango 诉 Kaspersky 案"，
后有德国的《时代周报》和《商报》、Bereits RTL 和 ProSiebenSat.1 电视台、出
版集团商 Axel Springer、《南德意志报》等数家媒体企业先后对德国广告屏蔽公
司 Eyeo 提起的诉讼，在 2016 年 4 月又发生"《纽约时报》《华盛顿邮报》《华
尔街日报》"等 17 家美国主流媒体状告 Brave 浏览器广告屏蔽不正当竞争行为等
事件（理由是这款浏览器转载报刊文章却屏蔽文章内嵌入的广告，更换为自己
的广告）。在国内市场上，从"2008 年的迅雷诉超级兔子案"[①]到"2011 年的
扣扣保镖案"[②]"2013 年的优酷诉金山不正当竞争案"[③]以及"2014 年爱奇艺

[①] 迅雷诉超级兔子案终审维持判决. http://tech.sina.com.cn/i/2009-06-10/15333166949.shtml，
2016-05-21.

[②] 最高人民法院民事判决书（2013）民三终字第 4 号。

[③] 北京市第一中级人民法院民事判决书（2014）一中民终字第 3283 号。

诉极科极客不正当竞争案"[①]，网络广告屏蔽行为大多集中在网络视频领域。有报告显示，2015 年全球有 1.98 亿用户使用浏览器插件屏蔽广告，同比增长 41%，与此同时，造成了 218 亿美元的广告支出损失，占全球广告支出的 14%。我国各级法院在处理互联网广告屏蔽行为同类型案件时，根据互联网广告屏蔽行为是否直接干预影响原告公司的交易机会和广告收益，被诉的广告屏蔽行为往往易被各级法院认定为网络不正当竞争行为，从而驳回了互联网软件开发商行为合法性的诉求。

网络广告屏蔽案近来频频发生，且大多数的网络用户观看视频时皆有过此类体验。例如，2012 年优酷公司认为金山旗下猎豹浏览器通过技术手段恶意拦截视频网站的合法贴片广告，侵害了视频网站及其广告客户的正当权益，构成不正当竞争并将金山公司诉至法院；2012 年金山推出了可以拦截与屏蔽移动广告功能的"手机毒霸"软件，此举遭到了多盟、触控科技等 19 家广告代理商与应用开发商联合声明和抵制，认为其构成不正当竞争；2013 年，百度认为 360 将可以专门屏蔽其网络广告的插件放在其应用网站和浏览器的明显位置，构成不正当竞争并将其诉至法院；2014 年遨游推出了带有"视频广告快进功能"的浏览器，此举也遭到优酷、爱奇艺、乐视等各大网站的封杀，并认为其构成不正当竞争。该类行为的实施必须通过网络进行，并且此类案件具有手段新颖、技术性强、损害影响大等特点，其危害程度影响范围较之传统的不正当竞争行为呈现几何倍数增长趋势。

这里必须明确，互联网广告拦截行为应针对其不同的广告内容、广告形式进行不同的分析，不可一概而论。市场上不乏一些从形式上就明显违反法律规定的互联网广告，如违反《中华人民共和国广告法》第 44 条对于弹窗广告必须设置一键关闭按钮的规定。广告拦截行为违法性的分析应针对不同的广告内容、广告形式加以区分判断，不是所有的互联网广告拦截行为都一律认为构成网络不正当竞争行为。例如，在美国"Zango 诉 Kaspersky"一案[568 F.3d 1169 C.A.9（Wash.），2009]中，美国法院从公共利益保护和用户选择自由的角度出发，明确支持了软件开发商的行为。[②]我国各级法院在处理这类互联网广告屏蔽案件时，往往从竞争关系、商业模式、技术中立、消费者利益等角度进行综

---

① 北京知识产权法院民事判决书（2014）京知民终字第 79 号。

② 刘建臣. 美国版权法对屏蔽网页广告行为的法律规制. 中国版权，2015，2.

合考量，基本都是判定互联网软件开发商构成了网络不正当竞争行为。[①]

在美国，针对广告屏蔽最具有代表性的案件莫过于 Zango，Inc.V.Kaspersky Lab，Inc.一案[568 F.3d 1169 C.A.9（Wash.），2009]。在该案中，原告 Zango 公司被被告推出的 Kaspersky 杀毒软件识别为恶意软件予以拦截。原告将被告诉至华盛顿州法院，提出了包括禁令救济、第三人干涉合同侵权、商业诽谤、违反华盛顿州消费者保护法和不当得利的诉请。地区法院主要基于公共利益考量和用户权益保护支持了广告屏蔽行为。原告不服，上诉至联邦第九巡回上诉法院。法院认为，被告所提供的软件使计算机用户对其所接收到的网络内容具有了更大的控制权，据此认定被告有权获得《通信规范法案》避风港规则所适用的豁免进而维持了一审判决。[②]美国法院从公共利益保护和用户选择自由的角度出发，明确支持了软件开发商的行为。

广告屏蔽软件 Adblock Plus 首创于德国，自其面世之日起就饱受争议，其中以德国媒体行业反应最为剧烈。2015 年以来，德国《时代周报》和《商报》、Bereits RTL 和 ProsiebenSat.1 电视台、出版集团商 Axel Springer、《南德意志报》等数家媒体企业先后对德国广告屏蔽公司 Eyeo 提起诉讼。诉由包括反不正当竞争、反垄断和侵犯著作权等。而德国法院从广大用户的体验出发，认为广告屏蔽软件的核心在于赋予用户选择权，对于互联网市场的最大部分主体互联网用户来说，其选择是自由的，不受阻碍的。软件优劣完全交由用户评判，由其来决定是继续使用还是转而选择其他软件。如果用户对 Adblock Plus 不满，就会卸载 Eyeo 公司的软件并从其他公司购买更加合适的屏蔽软件。而广告和互联网等相关行业也可以采取相应的措施来进行"反拦截"。广告屏蔽并不足以完全破坏正常的市场竞争秩序，尚未达到需要法律予以规制的严重程度。

我国广告屏蔽基本集中在网络视频领域，包括前面所提的"2008 年的迅雷诉超级兔子案""2011 年的扣扣保镖案""2013 年的优酷诉金山不正当竞争案"以及"2014 年爱奇艺诉极科极客不正当竞争案"等。这其中涉及软件和软件之间的竞争、视频软件和安全插件之间的竞争以及软件和硬件之间的竞争等。中国法官在处理广告屏蔽案件时，从竞争关系、商业模式、技术中立、消费者利益等角度综合衡量，基本都判定软件开发商构成了不正当竞争行为。我国法院普遍认为，竞争关系的界定并不局限于同业竞争，互联网经济更多的是一种注

[①] 最高人民法院民事裁定书（2009）民申字第 1065 号。
[②] 刘建臣. 美国版权法对屏蔽网页广告行为的法律规制. 中国版权，2015，2.

意力经济，经营者的经营行为是否会造成彼此经营利益的此消彼长是判定竞争关系是否存在的重要指标。据此，法院认定，即便属于跨界竞争，软件开发商与视频网站运营商之间依然存在法律意义上的竞争关系。此外，由于视频网站运营商采用的"免费服务＋广告增值"的商业模式，具有法律上可保护的利益，不恰当的广告屏蔽行为既破坏了正常的市场经营活动，又不当利用了用户基础，侵犯了视频网站运营商的经营利益。虽然从短期来看，屏蔽功能对用户来说是利好，但其对广告不加区分地过滤将改变视频网站的运营模式，最终对行业发展造成阻碍，用户的利益也终将受损。例如，在猎豹浏览器屏蔽优酷视频广告案中，金山公司将具有广告快进功能或屏蔽功能的插件作为其浏览器的推荐功能免费提供给公众，并在广告中大力宣传该"页面广告过滤"功能。当终端用户开启该功能后再访问优酷网时，优酷网原本合法投放的视频广告会被过滤。猎豹浏览器这一视频广告过滤功能不仅会过滤优酷视频网站的视频广告，亦会过滤其他视频网站中的视频广告，且该功能处于默认关闭状态，需要用户启动设置。二审法院认可一审法院认定的事实以及判决的理由，认为优酷视频网站在视频开始前所提供的广告，并非是互联网行业惯例所认定的"恶意广告"，其"免费＋广告"的商业模式具有法律上可保护之利益，应该受到法律的保护，被告通过专门针对优酷网视频"页面广告过滤"这一卖点，吸引了大多数网民的下载并使用，其行为具有不正当性。该案法院终审认定金山公司的行为破坏了优酷网的正常经营活动，不当利用了优酷网的经营利益，不符合技术中立原则，亦非行业惯例，构成不正当竞争。

随着新技术的发展，互联网广告的形态呈现出多样化趋势。恶意的、不正当经营的广告形态有如下几种。一是对用户正常使用互联网服务造成严重影响的广告行为。用户使用互联网服务的目的大多在于网络购物、即时通信、搜索、享受内容（如阅读文学作品、音乐、影视作品等）、音视频互动、游戏等其他服务，如广告经营者或者发布者频繁弹出广告信息，包括关闭后仍再次弹出的情况，导致用户无法连贯、高效地实现使用互联网服务的目的，如即时通信或音视频互动服务、游戏进程被频繁中断，搜索结果、网购选择页面被大面积遮挡，导致用户无法准确、高效地找到并阅读搜索内容及网页信息的，应视为不正当经营的互联网广告。二是剥夺、限制用户知情权及选择权的广告行为。广告信息应真实、合法地展示所提供的产品、服务内容、规格、价款、获取方式等内容以供用户知情，并由用户自行选择是否购买、接受相关产品和服务。如在未告知用户相关详情并未经其允许、选择的情况下，直接向用户提供广告所涉及的相关产品或服务，如自动下载/安装广告推荐的应用程序、自动扣除用户使用费用等行为，并非正当经营的互联网广告行为。三是侵犯用户隐私权等其他合法权益的广告行为。Cookie 跟踪并推送广告的形式是互联网广告经营者/发布者常用的手段，在网络购物、搜索服务中尤为常见。但在未经用户允许的情况下追踪用户 Cookie 或其他操作日志的行为，事实上是收集、储存、分享、传播并商业化使用用户隐私数据的行为，应构成对用户隐私权等相关合法权益的侵犯，属不正当经营的互联网广告。四是其他不正当经营的广告行为。除上述主要形式外，还存在其他非类型化的不正当经营行为。例如，互联网服务提供者将广告内容伪装、包装成服务内容（如将广告内容伪装成用户自行搜索、查询的信息）向用户提供，或设置虚假的广告信息关闭按钮等。

正当经营的互联网广告应受到法律保护。互联网服务实质上是双边市场服务，即通过一方市场参与者数量的增加带动另一市场上收益的增加。互联网服务经营者需要设法将用户吸引到免费服务的平台参加交易，进而激发网络外部性实现用户规模的增加，带动另一市场收益的增加。[①]互联网企业提供的搜索、即时通信、音视频内容服务等大多为免费服务，进而通过广告市场或其他市场上的盈利弥补服务市场的成本。在此过程中，除了对用户造成影响、侵犯、导致损失的不正当经营互联网广告外，互联网服务提供者可获得正当的广告经营/发布收益，同时消费者免费获得了互联网服务，广告发布者获得品牌曝光与增加收益，三者形成有序的利益分配和循环。该种经营模式是互联网企业通用的商业模式，是互联网市场发展的选择，也是消费者的选择，正当经营互联网广告的商业模式理应受到法律保护。

所谓网络广告屏蔽技术，一般是指用户或者一些互联网企业针对网页浏览器所开发的一种拓展程序，用户安装了该程序之后，可以拦截包括各种网络广告在内的页面要素，使这些内容不被下载和显示，进而达到屏蔽网络广告的功能。当用户开启广告快进功能或屏蔽功能后再访问视频网站，原视频网站经营者合法投放的视频广告会被屏蔽或快进。我国互联网行业发展过程中，视频网站形成了“注册用户付费点播无广告”[相当于购买所谓的 IP（网络互连协议）]和“免费播放加广告”两种主要商业模式。毫无疑问，屏蔽技术的问世对广大互联网用户可以说是一大福音，但是此举同时触动了相关互联网企业的利益，

---

① 杨文明. 滥用市场支配地位中的正当理由规则研究. 河南财经政法大学学报，2015，5.

而且也引发了一些影响较大的竞争纠纷。价值判断和经济分析是对法律事实进行定性的重要考虑因素。我国目前的大型视频网站营业收入的重要组成部分是与广告代理商签署整合营销服务协议，在网站播放视频的过程中植入广告，俗称"贴片广告"。国内网民基本没有付费看视频的消费习惯，一旦允许浏览器提供广告屏蔽功能，那么大量的视频网站会因此失去收益来源而迅速倒闭，不利于互联网文化活动的发展与繁荣。所以尽管视频广告有着各种不尽人意之处，但两害相权取其轻，目前简单将视频网站广告全部进行过滤，会对投入巨资获取视频资源并通过广告推广获利的视频网站产生巨大打击，不利于整个视频产业的可持续发展。

综合上述分析，正当经营的互联网广告是互联网行业有序、健康发展的重要一环，相关权益应成为法律保护的对象，而对其进行广告屏蔽的行为应受到法律的苛责。对于广告屏蔽行为违法性的相关研究，应回归到《反不正当竞争法》的立法宗旨，从法律保护的根本法义出发。

第一，网络广告屏蔽行为与正当经营互联网广告行为是否存在竞争关系。判断广告屏蔽行为与广告经营发布行为是否存在竞争关系，是分析相关广告屏蔽行为是否违反《反不正当竞争法》的前提。互联网竞争本身是跨行业的，甚至是间接的[1]，认定互联网企业之间是否构成竞争关系，如按照传统商业模式下狭义地理解为直接的同业竞争关系，则必然作茧自缚，有悖于互联网商业模式的特殊性，也违反了《反不正当竞争法》的立法宗旨。《反不正当竞争法》作为市场秩序规制法，调整的对象为竞争秩序，其通过规制竞争主体以及主体之间的竞争行为，实现对宏观市场经济秩序的保护。[2]因此，针对竞争关系的理解，也应从各竞争者之间的竞争行为是否对竞争秩序产生影响的角度来判断。跨行业互联网企业之间的竞争利益并不局限于直接的经济收益，还包括潜在的竞争利益。具体来讲，在网络企业经营某一产品、服务时所关注的核心问题，并非在该产品、服务上获得的直接经济回报，而是消费者的"注意力"：各方通过其产品、服务获取用户注意、争夺更多的用户数量，实现"乘方效应"并最终提升其产品、服务的经济价值（如某一产品、服务的用户数群体庞大，相对来讲在其产品、服务上投放的广告价值也就越大，其广告收益也就越多）。

---

① 王永强. 网络商业环境中竞争关系的司法认定——基于网络不正当竞争案件的考察. 法学，2013，11.

② 王全兴. 经济法基础理论专题研究. 北京：中国检察出版社，2003：585.

在网络追逐用户市场的不同竞争行为中，不管其行为表象如何，也不管其行为主体是否从事相同或相似的产品服务之经营，更不管各方是否属于同一行业或同一经济等级，一旦行为表现为通过不当方式扩大其产品或服务的用户数量、增加与有限用户交易的机会、减少他人的竞争优势，均对一方竞争利益乃至市场整体的竞争秩序产生影响，皆应认为其具有广义上的竞争关系。[①]广告拦截插件开发者，通过迎合消费者不愿花时间阅读广告的心理拦截他人正当经营的广告，利用破坏他人广告盈利来攫取更多用户关注，进而将这部分用户关注转化为自身收益，实质上构成了"损人利己的可能性"[②]（存在损害其他经营者利益的可能性，并因此而获利），二者存在反不正当竞争法上的竞争关系。

第二，网络广告屏蔽行为有违诚实信用原则。虽然《反不正当竞争法》并未针对互联网市场竞争行为规制细化，但仍可通过探寻《反不正当竞争法》立法宗旨，引用《反不正当竞争法》第 2 条的"诚实信用"原则来判断广告屏蔽行为是否构成违法。《最高人民法院关于充分发挥知识产权审判职能作用推动社会主义文化大发展大繁荣和促进经济自主协调发展若干问题的意见》第 24 条指出："反不正当竞争法未作特别规定予以禁止的行为，如果给其他经营者的合法权益造成损害，确属违反诚实信用原则和公认的商业道德而具有不正当性，不制止不足以维护公平竞争秩序的，可以适用原则规定予以规制。"[③]相关佐证，在国内大量关于新型网络不正当竞争的司法判决中，也有迹可循。在"海带配额"案中，最高人民法院对诚实信用原则作出充分论证：诚实信用原则更多的是以公认的商业道德的形式体现出来的。商业道德要按照特定商业领域中市场交易参与者即经济人的伦理标准来加以评判，它既不同于个人品德，也不能等同于一般的社会公德，所体现的是一种商业伦理。《反不正当竞争法》所要求的商业道德必须是公认的商业道德，是指特定商业领域普遍认知和接受的行为标准，具有公认性和一般性。[④]具体来讲，破坏其他经营者正当经营活动的行为、不正当利用其他经营者经济利益的行为，应属于违背商业道德，应被

---

① 叶明，陈耿华. 互联网不正当竞争案件中竞争关系认定的困境与进路. 西南政法大学学报，2015，1.

② 北京市第一中级人民法院民事判决书（2014）一中民终字第 3283 号。

③ 《最高人民法院印发关于充分发挥知识产权审判职能作用推动社会主义文化大发展大繁荣和促进经济自主协调发展若干问题的意见》的通知第 24 条。

④ 最高人民法院民事裁定书（2009）民申字第 1065 号。

认定属于违反诚实信用原则的行为[①]：首先，破坏其他经营者正当经营活动的行为在《反不正当竞争法》中有多处体现，如"捏造、散布虚假事实损害竞争对手的商业信誉、商品声誉"等，此类行为是对商业伦理的直接破坏，有违诚实信用原则要求；其次，不正当利用其他经营者利益的行为（如《反不正当竞争法》所规制的混淆行为、"搭便车"行为等），也是商事主体普遍认可和共同维护的行为准则，具有公认性、普遍性。正当的互联网广告商业模式受法律保护，并是互联网企业收回相关服务（如在线视频播放、网页搜索服务等）成本的重要途径。广告拦截插件影响了服务提供者的广告收益，破坏了广告服务经营者上述正当的经营模式；广告拦截插件开发者利用消费者主观希望免费享受互联网服务、不愿花时间阅读广告的心态，获取消费者对自身产品的关注，增加自身的经济利益，具有利用互联网广告服务经营者经营利益的主观意图，应属于违背商业道德、违反诚实信用原则的行为，理应受到《反不正当竞争法》的规制。

第三，网络广告屏蔽行为不适用技术中立原则抗辩。网络广告拦截插件开发者与互联网广告服务经营者存在竞争关系，相关行为违背了诚实信用原则，广告拦截行为存在不正当竞争的违法性。同时，拦截技术本身不能适用技术中立原则进行免责抗辩。"技术中立"原则首见于1984年美国最高法院"Sony Corp. of America v. Universal City Studios 案"的判决。在该案中法官称"如产品/功能可能被广泛用于合法的、不受争议的用途，即能够具有实质性的非侵权用途"，即产品/功能的开发目的在于正当经营，并非构成侵权或不正当竞争。技术中立原则的确立对新兴技术产业的促进起到重要作用，在原则赐予的合法外衣庇护下，技术开发者可更加"大胆"地拓展人类智慧的疆界。但技术中立原则显然并不是绝对的。在2001年美国的"Napster 案"及后来的"Grokster 案"中，法院认为"如果明知或者应知其产品针对某一具体的产品构成侵权，还故意开发该产品并引诱他人使用该产品，则应认定为帮助侵权"。一言以蔽之，技术中立原则正确适用的前提应是"技术本身"中立，不是对技术的"使用行为"中立，技术中立原则中的中立性并非指向该技术所实现的"功能效果"。如果对某一技术的使用行为违法，则不应适用技术中立原则。在屏蔽广告行为中，开发者推出拦截广告功能并不区分所拦截的互联网广告是否正当经营，其拦截

[①] 北京市第一中级人民法院民事判决书（2014）一中民终字第3283号。

行为势必会对他人正当经营的广告商业行为造成破坏，并以此来牟利。开发者明知其产品针对正当经营的互联网广告构成侵权，还故意开发并引诱他人使用该产品，对技术的使用行为已有失中立性，广告屏蔽插件不存在其他的"合法的、不受争议的非侵权用途"。因而，在拦截广告的行为中"技术中立"的抗辩难以成立。[①]

第四，网络广告屏蔽行为不适用消费者利益保护抗辩。除技术中立原则外，广告拦截插件开发者还会以"竞争行为维护了消费者利益"为旗帜，主张自身的市场竞争行为合法。但该主张混淆了消费者利益保护的概念：消费者作为市场经济人，有强烈的利己心态，保护消费者的利益不等于保护消费者的利己心态；同时，在利己心态的驱使下消费者往往只关注眼前的短期利益，而怠于或无法分析判断消费者整体的长期利益，仅满足于保护消费者短期利益的行为显然也与"维护消费者利益"的正义大旗大相径庭。消费者利益保护不能成为广告拦截行为的避风港。在市场经济中，消费者追求的是个人利益的最大化，在利己心态支配下消费者往往"急于"降低当前交易成本，而更少考虑经济活动中其他参与者的利益是否得到保护，也很少花精力考虑该成本的降低是否是可持续的。广告拦截行为在一定程度上降低消费者使用互联网服务的门槛，消费者阅读广告的时间成本得以降低，却压榨了互联网服务经营者的合法收入空间。作为市场经济主体的互联网服务经营者为收回经营成本，势必考虑"失之东隅，收之桑榆"，或者降低互联网服务标准，或者直接向消费者收费或削减服务开支，无论选择何种方式，从长远的角度来看，势必影响消费者获得互联网服务的质量，如更少的从业者提供互联网免费服务、消费者可选择的空间越发狭窄。从而，消费者福利最终将受到限制，广告拦截行为实则竭泽而渔。因此，互联网环境下消费者利益的实质是消费者的整体利益、长远利益，而不应着眼于眼前利益、局部利益。[②]当然，从另外一个角度分析，广告拦截插件开发者提供服务的初衷也难以说是维护消费者利益，如 Adblock Plus 插件允许广告经营者付费加入白名单，加入后其广告将不会受到拦截。[③]"付费放行"的模式与其说是维护消费者利益，倒不如理解为"绑架消费者利益、收取保护费"

---

① 张钦坤，刘娜. 浅析屏蔽视频网站广告行为的违法性. 中国版权，2015，4.

② 谢兰芳. 论互联网不正当竞争中消费者利益的保护. 知识产权，2015，11.

③ 品玩资讯. 广告屏蔽插件 Adblock Plus：所谓的"大公司付费放行广告"，背后的真相其实是这样的. http://www.pingwest.com/adblock-plus-on-acceptable-ads/，2017-07-13.

的形式。广告拦截插件开发者的行为从商业逻辑判断，其"维护消费者利益的幌子"也难以自圆其说。

如何判断互联网广告的屏蔽行为？《反不正当竞争法》第2条规定的原则，是判断互联网广告屏蔽行为是否构成网络不正当竞争行为的法律依据。^①"优酷诉金山不正当竞争案"，案件一经发生便引发了公众的激烈讨论。首先，优酷公司与金山公司是否存在竞争关系；其次，若存在竞争关系，那么该"广告快进或屏蔽"行为是否构成不正当竞争；最后，若构成不正当竞争行为，则不正当竞争行为又是如何认定的？很明显的是，此类案件不属于1993年《反不正当竞争法》第2章所罗列的不正当竞争行为的具体情况，所以，判断其是否构成不正当竞争，自然涉及1993年《反不正当竞争法》第2条，即"一般条款"的适用。此条的适用，是1993年《反不正当竞争法》第2条"一般条款"适用的关键，也是判断的重点。^②

对于网络广告屏蔽行为，笔者认为，其是非法"搭便车"行为，而非"技术中立"。在网络广告屏蔽案件中，浏览器运营商自带的屏蔽广告功能可以屏蔽不特定的视频网站上的广告，从短期利益来看，它确实迎合了广大互联网用户，特别是广大视频网络用户的胃口，极具吸引力。它可以屏蔽视频开始前的几十秒甚至上百秒的广告，可以屏蔽视频观看中突然冒出的十几秒、二十几秒的广告。加上浏览器运营商的大肆宣传，即使该屏蔽功能不是自动开启，也会引导广大网络用户去主动开启该功能，从而减少视频网站运营者的正当商业模式下的合法利益。同时也以此来增加该浏览器的使用数量，是典型的"搭便车""食言而肥""坐享其成"的行为。若允许这种行为肆无忌惮地存在，那么视频网站运营者原先提供的"免费视频+浏览广告"的运营模式，恐怕就会都改成"有偿视频+没有广告"。试想这种运营模式的出现，对于普通消费者，特别是对于广大网络用户会变得更加不利。长远看来，损害的还是广大消费者长远的消费利益。

当"免费+广告增值"的商业模式被打破，在IP市场尚未成熟转型的当下，盗版市场有可能会死灰复燃，最终的社会成本可能会转嫁到广大用户身上。对一项制度的设计和行为的定性，取决于法律背后的价值指引和价值排序，因

① 《最高人民法院印发关于充分发挥知识产权审判职能作用推动社会主义文化大发展大繁荣和促进经济自主协调发展若干问题的意见》的通知第24条。
② 北京市第一中级人民法院民事判决书（2014）一中民终字第3283号。

此，要置身于不同的国情和法律制度背景，作出有利于自身发展的最好选择。

3.1.2　恶意域名抢注行为

传统经营者与网络接轨的方式往往是在互联网上设置官方网站或者通过互联网渠道出售产品或服务，而将自己的公司或产品名称注册为域名则至关重要。可以说，互联网域名是经营者在网络市场中的"招牌"。互联网域名是互联网经营者在互联网市场中的身份证明。基于此种现实，恶意域名抢注行为应运而生。抢注者往往利用知名企业未开设线上业务或者未在该地注册域名的机会对其公司名称或产品名进行域名抢注。一旦抢注成功，抢注者进可利用带有知名企业或产品名称的网址获取高额流量，甚至在该网站上设置自己产品的购买通道，退可利用知名企业对此域名志在必得的心理开出天价以获取高额利润。例如，在"开心网诉千橡网"一案中，千橡网利用其购得的"kaixin.com"域名向公众提供社会性互联网服务，其开展的社会性互联网服务与开心网开展的服务属于相同的行业和领域，混淆了互联网用户对二者提供的社会性互联网服务。①

随着域名经济的不断发展，域名持有人进行域名抢注能够获得巨大的市场经济利益，所以越来越多的人开始进入域名市场进行域名抢注。所谓恶意抢注，就是指域名抢注者因商业目的将别人的驰名商标注册为计算机网络域名，然后开出高价转让这个域名以获取利益。抢注者往往是利用知名企业或拥有"知名商标"的公司尚未开设线上业务或者尚未在该地注册域名的空档期对其企业名称或商标品牌进行域名抢注。一旦抢注成功，抢注者利用带有知名企业名称或商标品牌的网址进行互联网经营活动，以达到混淆消费者的目的，这样就会给这些企业带来经营中的困扰。一些恶意域名抢注的行为让很多企业不得不为此付出巨大的经济代价，买回本应属于自己的互联网域名。2001 年最高人民法院颁布的《关于审理涉及计算机网络域名民事纠纷案件适用法律若干问题的解释》（以下简称《域名纠纷司法解释》）对行为人注册、使用域名行为构成侵权或不正当竞争的构成要件、违法后果、救济措施等做了较为全面的规定，部分解决了司法实践中对域名抢注定性难、处理难的问题。但"域名"作为一种新

---

①　开心人信息技术有限公司诉北京千橡互联科技发展有限公司不正当竞争案，北京市第二中级人民法院民事判决书（2009）二中民初字第 10988 号。

型的以网络为媒介的民事权利，无论是《知识产权法》，还是《反不正当竞争法》，抑或是《中华人民共和国民法通则》（以下简称《民法通则》）中对其均无相关规定，《域名纠纷司法解释》也只是以《民法通则》第 4 条和《反不正当竞争法》第 2 条第 1 款诚实信用原则作为背景出台的相关司法解释，规范性和约束力略显不足。2017 年《反不正当竞争法》第 12 条规定的四种类型的网络不正当竞争行为仍然无法涵盖域名抢注等恶意不正当竞争行为，不免遗憾。

3.1.3　网络诋毁商誉行为

诋毁商誉是指"经营者为了获得竞争利益，捏造、散布虚假事实，损害他人商誉、侵犯他人商誉权的行为"[①]。网络环境中的诋毁商誉行为与传统的诋毁商誉行为在作用原理上相同，均为通过散布虚假信息对消费者造成误导，从而减少竞争对手的交易机会，但网络的特性又使得以网络为背景进行的诋毁商誉行为与传统的诋毁商誉行为有诸多不同。

学界通常认为网络环境中不正当竞争行为的特点之一为具有较高的技术含量，笔者对此持不同意见，网络诋毁商誉即是其反证。雇用大量"水军"在竞争对手的店铺上刷差评或者在各大网络论坛散布关于竞争对手商誉的不实言论是网络诋毁商誉的常见形式之一，而这一操作往往不是通过编写好的程序而是通过人力实现的。信息发布者通常编辑好文本，并以每发布一条信息派发若干报酬的方式雇用大量"水军"，以纯人力的方式发布诋毁信息，这显然不能称之为"科技含量高"。除雇用"水军"之外，常见的网络诋毁商誉的行为还有发布不实广告、对其他经营者的产品或服务进行恶意不实评级等行为。

在各类市场经济活动中，良好的商誉带来了巨大的市场回报，如销售额、利润等。如果捏造、散布的虚假事实与特定的市场经营者发生某种关联，那么市场经营者的商誉就会受到各种侵害，必将导致巨大的市场损失。互联网平台的虚拟属性，使各类诋毁商誉行为的主体具有很强的隐蔽性，互联网平台信息传播的便捷性和快捷性，又使各类诋毁商誉行为的影响力非常强。

例如，电子商务领域中出现的刷单行为，刷单的目的是通过改变商家的信用，进而影响商家的信誉（或好或坏）。简而言之，刷单是指在电子商务的平台上，通过对商品进行虚假评价或者进行虚假交易的方式来达到自己目的的行

---

① 李昌麒. 经济法. 北京：中国政法大学出版社，2011：282.

为。刷单的形式多种多样，可以是进行虚假交易追求交易的数量，也可以是"刷钻"（信用炒作）。根据刷单目的的不同可以将刷单行为分为以下几种。一是正向信誉型刷单行为，此种类型的刷单行为主要是通过虚假的购买与评论，提高自己网店在销售同类商品的网店中的信誉，吸引更多消费者，进而提高自己网店商品销量的行为。相应地，电商平台一般会提高信誉较高的网店的经营权限，如搜索排名。二是反向信誉型刷单行为，商家自己或者通过刷单平台购买竞争对手的商品，然后进行好评或者差评，制造一种竞争对手自己刷单的假象，触发电商平台的临时权利限制措施（如降低搜索排名），从而使得竞争对手被降低信誉的非法刷单行为。反向刷单行为的本质就是损害他人商品声誉。

反向刷单行为符合捏造并散布虚假事实的行为定性。反向刷单行为包含两种类型：一种是反向刷单提高竞争对手的信用，另一种是反向刷单拉低竞争对手的信用。显然，在两种反向刷单类型中，后者对于竞争对手的商业信誉与商品声誉的影响更大。因为，虽然前者也是捏造并散布虚假事实，但是这种行为方式的后果主要是受到电商平台的搜索权限的限制，并且网购者所看到的也都是对于商品的好评，对处于竞争对手地位的商家的负面影响较小。而后一种反向刷单行为对于竞争对手的负面影响较大，因为反向刷单者主要通过对竞争对手的产品给予差评的方式来拉低竞争对手的商业信誉和商品声誉。这种方式不仅会使竞争对手遭到电商平台的权限限制，并且还会使很多想要购买竞争对手商品的消费者放弃购买的想法，因为按照购物逻辑，当看到很多差评时，一般人会放弃购买该商品，从而使竞争对手遭受严重的经济损失。因此，从某种程度上来说，刷单行为极大地破坏了电商平台的信用评价机制。

由于网络诋毁商誉的行为原理和性质与传统的诋毁商誉行为相同，因此，当前的《反不正当竞争法》理论上可以规制网络诋毁商誉行为。然而，在实践中，由于网络的虚拟属性，查找诋毁主体的难度往往数倍于传统的诋毁商誉行为，诋毁信息一旦在网络上发布，其影响力也远大于通过其他途径扩散诋毁信息。有鉴于此，对网络诋毁商誉行为应当给予特别关注。

网络环境下还容易发生相互诋毁商誉的行为。相互诋毁的结果往往是两败俱伤，彼此的损害救济也可能基于"相互抵销"而丧失法律根据，但这种行为的社会危害性不容小觑。诋毁的相互性不仅对社会诚信和市场公平的竞争秩序产生破坏，也使消费者对相关商品的判断和选择无所适从，进而增加社会的交易成本。

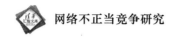

3.1.4 网络商业混同行为

商业混同行为是指行为人在市场交易中采用与他人相同或者近似的商业标识的手段，产生与他人特定商品（包括服务）或营业活动相混淆的行为。基于网络平台的商业混同有多种形式，通常意义上的人工干预关键词检索、建立易被混淆的网站等都可以归入网络商业混同行为。①

《知识产权法》是以被保护客体的类型化为规范基础的法律，知识产权法定原则决定了无法归类于现行知识产权体系中的某些客体将无法获得《知识产权法》的保护。②因此在司法实践中，法官往往将域名、搜索词、网站设计风格等的混同归属于"搭便车"行为，以违反诚实信用原则为由，基于《反不正当竞争法》对其进行裁判。如北京广立信公司与北京集佳公司不正当竞争纠纷案中，法院即根据《反不正当竞争法》第 2 条的诚实信用原则对北京广立信公司的人工设置错误检索关键词行为作出裁判。③这虽然开创了将网络商业混同类案件归入《反不正当竞争法》规制范围的司法先例，但也应注意到，法院并未通过法律解释将该案的判决依据锁定在明显近似的商业混同类案件。此类判决数量众多，这说明虽然从学理上认为利用互联网平台进行的不正当竞争行为可以被当前法条涵盖，但司法实践中这一观点并未获得普遍采纳。

商业混同行为即将自己的产品与他人的产品故意混淆，使人误认为是他人商品或与他人存在特定联系。在网络直播中也可能出现混淆行为。例如，在"上海耀宇诉广州斗鱼"不正当竞争纠纷案中，斗鱼直播平台未经许可转播了耀宇公司的独家直播节目，并在其转播页面使用了耀宇公司的"火猫 TV，MarsTV"的标识。此行为足以造成相关公众对两家公司达成合作和授权的误解，进而引起相关公众误认为斗鱼直播平台是耀宇公司旗下产品或者与耀宇公司存在特定联系，斗鱼公司的行为构成混淆。商业道德条款属于一般条款，同时也是兜底条款。一般来说，所有的不正当竞争行为都违反了商业道德，但在法条适用中，会优先选择适用具体条款，只有在具体条款未做规定的情况下才会选择适

① 谢海燕. 论商业混同行为——兼谈我国《反不正当竞争法》第五条的不足与完善. 贵州师范大学学报（社会科学版），2004，6.

② 张广良. 竞争法对知识产权的保护与限制. 法学杂志，2015，2.

③ 北京广立信公司与北京集佳公司不正当竞争纠纷案，北京市第二中级人民法院民事判决书（2008）二中民终字第 19181 号。

用一般条款。在网络直播中，需要选择适用一般条款规制的行为主要有两种：一是不法直播平台盗播或者未经许可转播他人的直播节目的行为，这种行为侵害了他人的独家转播权益，违反了该行业公认的商业道德；二是竞争对手"挖主播"的行为，有法院将其定性为擅自使用他人培养并独家签约的知名主播资源，该行为无法促进行业效率提升、对竞争对手造成实质损害、带来无序竞争、损害行业发展，同样违反了商业道德。

3.1.5　网络虚假宣传行为

虚假宣传，即以捏造虚构事实、歪曲事实或者其他误导性方式，对商品质量作出的与实际情况不相符的宣传。①虚假宣传在传统不正当竞争中已经占较大比重，以网络为平台的虚假宣传行为叠加了网络的特性，使该行为变得更加泛滥。网络虚假标示、网络虚假广告、网络虚假承诺等都是网络虚假宣传的常见形式。由于网络平台的开放性，任何主体都可以自行发布信息，这就降低了虚假宣传的门槛，而网络信息传播迅速的特性，更使得网络虚假宣传的潜在危害远大于一般的虚假宣传。从规制的角度看，网络虚假宣传的低门槛特征使得对于主体的规制措施效果不大，加上网络虚假宣传的证据容易灭失，都给司法机关和行政机关的工作带来了困难。

目前，网络宣传的便利与信息的泛滥，正在某种程度上降低人们对网络信息的信任。这是一柄双刃剑，一方面人们无时无刻不依赖网络信息的供给，同时又产生信息选择的困惑和不确定性。由于网络平台的无限容量和叠加效应，加之法律捕捉和规制虚假信息的成本较高，从某种意义上说，诚信和自律远比法律规制更为有效。

在前文分析的"耀宇诉斗鱼案"中，斗鱼公司未经允许在其直播网站页面使用耀宇公司的标识，不仅是混淆行为，还构成引人误解的虚假宣传。因为斗鱼公司在其直播网站页面的显著位置突出使用了他人标识，其突出使用行为足以引起直播观众注意到该标识，进而引起直播公众误认为斗鱼公司的直播行为已获得耀宇公司授权，是合法、正当的直播行为。因此我们认为，斗鱼公司未经许可突出使用他人标识的行为构成虚假宣传，是对直播来源合法性的虚假宣传。①

网络直播过程中，观众可以通过发布弹幕对直播内容进行实时评论，但与

---

① 孔祥俊. 反不正当竞争法原理. 北京：知识产权出版社，2005：293.

此同时也出现了雇用"网络水军"损害他人商誉的行为。"网络水军"通常受雇于网络公关公司或者其他网络直播经营者，他们通过在直播页面发布弹幕来攻击和诋毁竞争对手，以此损害竞争对手的商誉。这种雇用"网络水军"损害他人商誉的不正当竞争行为传播力量大、监管难，对网络直播平台经营者造成的恶劣影响不容小觑。这类行为是网络出现的一种新型违法行为。在网络直播中可能出现的此类行为主要有：盗取他人的直播链接、设置深度链接绕过他人直播网站的主页面，而直接进入次一级页面访问，以及恶意实施直播软件冲突，或者流氓软件捆绑，等等。

另外，随着互联网的普及，电子商务行业异军突起，淘宝、京东、苏宁易购等电子商务平台大量涌现，成为经济增长的重要推动力，也为人们的生活带来极大的便利。但是，新生行业带来新的问题，许多网店为了取得竞争优势，开始进行刷单炒信。刷单行为严重侵害了网络消费者和同行业其他经营者的合法权益，破坏了公平公正的市场竞争秩序和诚实守信的社会风气。由于电子商务行业立法的滞后以及刷单行为成因复杂、所涉主体广泛，对其进行规制面临挑战。近年来，电商的刷单行为日益泛滥，成为电子商务行业的一颗毒瘤。电子商务研究中心统计的"2017—2018年十大电子商务法律关键词"中，"网络刷单"赫然在列。[①]刷单行为，又称信用炒作行为，是指电子商务的经营者雇用刷客，通过虚假交易创设虚假销量及购买者评价，以谋取市场竞争优势的行为。大致可以分为两种类型：一是正向刷单，即商家雇用刷客与自己进行大量虚假交易，并给予好评，以提高其商品的销量和好评数；二是反向刷单，即商家雇用刷客购买竞争者的商品并给予差评，以降低其信用评价，或给予"好评"，制造其刷单的假象，使平台对其进行信誉降级处罚。[②]电商的刷单行为带来许多恶果。首先，卖家对其商品的销量和评价进行虚假宣传，使消费者对商品产生错误认识，侵害了消费者知情权、公平交易权等合法权益。其次，刷单者通过刷单取得竞争优势，使合法经营的商家的交易机会被抢夺，侵犯了其他经营者的合法权益。再次，大量刷单行为被曝光，使电商平台的信誉受损，消费者流失。最后，大量经营者通过刷单获取不正当利润，其他经营者如果不刷单，便可能由于缺乏竞争力而被市场淘汰。由此，电商会纷纷选择刷单，严重扰乱

---

① 中国电子商务研究中心. 2017—2018年度中国电商法律报告. http://www.100ec.cn/detail--6449835.html, 2018-07-15.

② 叶良芳. 刷单炒信行为的规范分析及其治理路径. 法学, 2018, 3：35.

市场秩序。刷单行为大量存在，会使消费者渐渐丧失对网络购物的信任，最终使电子商务行业岌岌可危。

3.2 利用网络技术进行的不正当竞争行为

利用技术进行的不正当竞争行为是基于互联网技术的发展而产生和出现的新型不正当竞争行为，其仅存在于互联网环境中。此类不正当竞争行为是基于网络技术的发展而产生的。与利用网络平台进行的不正当竞争不同，利用网络技术进行的不正当竞争仅存在于网络环境中。学界通常认为网络环境中的不正当竞争行为具有技术含量高的特征，这一特征集中体现在利用网络技术进行的不正当竞争中。高技术门槛带来的是对监管部门专业技术水平要求的提高和由于自力救济困难导致的司法与行政救济途径被高度依赖，只有通盘考虑网络环境中的不正当竞争行为及其规制方式才能解决这些问题。

3.2.1 网页深层设链行为

深层链接，即绕过被链网站首页直接链接到分页的链接方式，而设置这种深层链接以实现不经跳转即可在本网页上展示其他网站分页内容目的的行为即网页深层设链行为。深层设链可能导致用户在访问网站时浏览到的是设链网站的内容而不是预先点击的网站内容，进而减少了被设链网站的浏览量和传播机会。

由于互联网经济本身具有的特殊性，其通常也被比喻为"注意力经济"，一个网站所吸引的访问者越多，给其带来的相关经济利益就越大，所以经营者均努力通过制作精彩、独特的内容以吸引访问者的注意力，并使访问者记住发布这些内容的网站。可见，由独特内容带来的网站访问量是网站的核心利益。而网页深层设链行为正是以不正当方式对这一利益的侵犯。网站经过深层设链之后，设链网站以不正当手段获取了本应由被链网站获取的访问量，从而侵害了被链网站的公平竞争权。"北京金融城网络有限公司诉成都财智软件有限公司不正当竞争纠纷案"即是该类不正当竞争的典型案例。[①]在该案中，法院即

---

① 北京金融城网络有限公司诉成都财智软件有限公司不正当竞争纠纷上诉案，北京市第二中级人民法院民事判决书（2000）二中知初字第 122 号。

认定被告成都财智软件有限公司的行为构成了不正当竞争并依据《反不正当竞争法》第2条第1款进行了裁判。

当今网络时代，信息网络传播权与作品传播密切相关。侵犯信息网络传播权的行为认定标准如何界定？"腾讯公司诉易联伟达公司信息网络传播权侵权案"中的信息网络传播行为在一、二审法院裁判中存在差异，即认定标准之差，主要为"实质性替代标准""用户感知标准""服务器标准"。北京知识产权法院将服务器①标准作为信息网络传播行为的合理认定标准。由此可见，依据服务器标准，信息网络传播行为是指将作品置于向公众开放的服务器中的行为，是一种足以使用户获得该作品的作品传输行为，典型指向初始上传行为，提供深层链接或普通链接均不在此范围内，因其无法使他人获得该作品，故不构成信息网络传播行为。若链接服务提供者采取破坏技术措施而侵权，则破坏技术措施行为应与信息网络传播行为分别进行认定。深层链接行为依然可依据共同侵权规则、有关技术措施相关规则的适用，在相当程度上使权利人获得救济。

但是，实质性替代标准并未将视频聚合服务选择、编排、整理以及破坏技术措施、深层链接等各行为进行区分，故而未清晰辨识信息网络传播行为的具体认定标准，将合法性认定过程中可能考虑的损害及获益因素作为行为认定依据存在基本逻辑错误，将合同利益、经营利益等同于著作权利益，实属未对利益进行精确划分。

可见，服务器标准缺乏明确法律依据，仅仅作为学术探讨观点，而在法院裁判理由中予以引用，尚且不论其是否恰当，其价值便逐渐显现。我国现行《著作权法》及其司法解释中未引入服务器标准。法院在此案中的措辞为"合理标准"，而且对于服务器标准与《著作权法》司法解释第3条当中的信息网络传播行为的判断标准就两者的关系也做了相应的回应。笔者认为应以实质性替代标准为主、服务器标准为辅进行侵犯信息传播权之行为判断。

在"360公司诉搜狗公司案"中②，法院经审理后认为，搜狗公司在用户选择其他经营者产品的过程中，利用自己搜索引擎平台的便利，有意搭他人产品

---

① 此处"服务器"泛指一切可存储信息的硬件介质，既包括通常意义上的网站服务器，亦包括个人电脑、手机等现有以及将来可能出现的任何存储介质。作品上传行为均需以作品的存储为前提，未被存储的作品不可能在网络中传播，服务器标准中所称"服务器"即为此种存储介质。

② 北京市海淀区人民法院民事判决书（2016）京0108民初26547号。

便车、引导用户使用自己的其他产品或服务，已经超出了正当竞争范围。法院根据 1993 年《反不正当竞争法》第 2 条判决搜狗公司构成不正当竞争。在 2017 年《反不正当竞争法》中，被告搜狗公司利用网络从事生产经营，利用互联网相关技术，未经用户同意插入链接的行为属于其中第 12 条第 2 款第 1 项描述的行为方式，应受该条管辖。

在"搜狗公司诉百度公司案"中①，搜狗公司认为，百度公司未明确提示用户并经用户同意，在用户下载、安装搜狗软件时，通过其百度软件中心助手软件，欺骗、误导用户下载、安装百度杀毒、百度浏览器软件，干扰用户对搜狗软件产品的下载、安装，并使得百度杀毒、百度浏览器被下载。法院审理后认为，下载搜狗软件时误导消费者下载百度系列软件的"搭便车"行为属于不正当竞争行为，法院依据一般条款判决被告构成不正当竞争。同样，这种未经用户同意，利用技术手段在其他经营者合法提供的网络产品和服务中插入自己产品链接的行为方式，属于典型的网络不正当竞争行为。

在"百度公司诉奥商公司案"中②，在登录百度搜索引擎网站搜索关键词时，奥商公司等通过技术手段在所提供的网络接入服务区域内，人为干涉网络用户针对百度网站所发出的搜索请求，强行弹出与百度搜索结果无关的、由奥商公司发布的广告页面，诱使网络用户点击。法院经审理认为，奥商公司等在未经许可的情况下，利用百度公司提供的搜索服务及市场份额牟利，同时违背网络用户意志，容易导致用户误以为弹出的广告页面系百度公司所为，进而对百度公司提供服务的评价降低，对百度公司商业信誉产生不利影响。奥商公司的行为损害了百度公司的正当经营及合法权益，构成不正当竞争。

在"百度与 360 插标不正当竞争案"中③，360 安全卫士有两种行为，即"插标"和"劫持流量"。第一种"插标"行为，即 360 安全卫士利用技术手段在百度网站的搜索结果页面上，有选择地插入红色白底感叹号图标，警示网络用户该搜索结果网站存在风险。法院根据 1993 年《反不正当竞争法》第 2 条规

---

① 北京市高级人民法院民事判决书（2017）京民终 5 号。

② 山东省青岛市中级人民法院（2009）青民三初字第 110 号民事判决书，山东省高级人民法院（2010）鲁民三终字第 5-2 号民事判决书，最高人民法院公布指导案例第 45 号。

③ 北京市第一中级人民法院（2012）一中民初字第 5718 号民事判决书，北京市高级人民法院（2013）高民终字第 2352 号民事判决书，中华人民共和国最高人民法院（2014）民申字第 873 号民事裁定书。

定，提出"非公益必要不干扰原则"①，认为"插标"行为改变了百度搜索的结果网页，虽可能具有一定公益性，但不能证明该行为的必要性。第二种"劫持流量"行为，即360安全卫士在其网址导航网站的网页上嵌入百度搜索框，但修改了百度网在其搜索框上的下拉提示词，点击后不进入百度的搜索结果网页，而是直接进入奇虎360公司经营的影视、游戏等页面。这些行为使网络用户点击时跳离原百度搜索网站内容，干扰网络用户正常使用，损害了百度搜索服务提供者的合法权益，构成不正当竞争。

3.2.2 干涉互联网关键词行为

关键词是指网站经营者在其网站上用于描述产品或服务的词语，搜索引擎服务商的关键词推广服务，可通过竞价排名改变自然关键词检索顺序。将他人商标作为关键词推广包括两种：其一为显性使用行为。显性使用行为即推广内容包括关键词，当网络用户使用搜索服务时输入的搜索词与选定关键词一致时，推广内容即被触发。其二是隐性使用行为。隐性使用行为即推广内容不包括关键词，公司的标题、描述和网址链接通常会呈现于网络用户面前。

"金夫人案"②在关键词推广的问题上存在争议之处，米兰公司将涉案组合商标中的"金夫人"设置为百度推广服务的关键词，网络用户在搜索相关词语时，其设置链接出现于搜索结果页面的推广链接中，一审法院认定其构成商标侵权，二审法院认定其不构成商标侵权，亦不构成不正当竞争行为。一审法院认为网络搜索引擎服务商提供的关键词搜索竞价排名服务，因具备有偿性、目的性和媒介传播的显著特点，属于广告发布行为，"金夫人"关键词的搜索结果，并非搜索引擎自然排序的结果，而是百度公司主动干预的竞价排名结果，由于百度公司未作出明显的广告标注，使得消费者无法识别搜索结果的排列方式，故将竞价排名结果误认为排名结果，将广告信息误认为非广告信息。为此

---

① 北京市高级人民法院将其定义为：虽然确实出于保护网络用户等社会公众的利益的需要，网络服务经营者在特定情况下不经网络用户知情并主动选择以及其他互联网产品或服务提供者同意，也可干扰他人互联网产品或服务的运行，但是，应当确保干扰手段的必要性和合理性。否则，应当认定其违反了自愿、平等、公平、诚实信用和公共利益优先原则，违反了互联网产品或服务竞争应当遵守的基本商业道德，由此损害其他经营者合法权益，扰乱社会经济秩序，应当承担相应的法律责任。

② 南京市中级人民法院民事判决书（2016）苏01民终8584号。

二审法院认为竞价排名推广用户设置推广链接关键词的行为，系计算机系统内部操作，并未直接将该词作为商业标识在其推广链接的标题、描述或其网站页面中向公众展示，不属于商标性使用，不会导致相关公众对服务来源以及商标权的误认，故不侵犯他人商标权。本案争议焦点有四：将他人商标作为关键词推广是否属于商标性使用，关键词推广是否具有混淆可能性，将他人商标作为关键词推广是否属于不正当竞争，网络搜索服务提供商是否构成商标侵权或不正当竞争。

最高人民法院在指导性案例的裁判理由中将擅自将他人已实际具有商号作用的企业名称简称为商业活动中互联网竞价排名关键词，使相关公众产生混淆误认的行为，认定为不正当竞争行为。①将他人企业名称和字号设置为关键词应当具备正当理由②，从事互联网服务的经营者，在其他经营者网站的搜索结果页面强行弹出广告的行为，违反诚实信用原则和公认的商业道德，妨碍其他经营者正当经营并损害其合法权益的可认定为不正当竞争行为。③而将他人具有一定知名度的字号作为关键词使用，其"搭便车"以及攀附他人企业知名度的意图明显的④，或不正当利用他人商标的知名度，使用户产生不恰当联想，从而误导普通用户，不合理获取交易机会的，同样属于违背诚实信用原则及公认的商业道德的不正当竞争行为。⑤

笔者认为，干涉关键词行为认定应把握如下方面。①推广关键词是否会造成相关公众的混淆误认取决于该链接的具体宣传方式，根据网络用户对搜索服务的认知水平和对推广链接部分的认识水平进行判断，网络用户以关键词进行搜索的目的，既可能是查找关键词直接指向的商品或服务，也可能是查找与关键词相似的商品或服务，以进行充分的比较和选择。在提供关键词推广的网站，推广链接与自然搜索结果分处于不同位置，推广链接部分结果的排序与引擎自

① "天津国青国旅旅行社擅自使用他人企业名称纠纷案"，最高人民法院指导性案例第 7 批 29 号，天津市高级人民法院民事判决书（2012）津高民三终字第 3 号。
② 最高人民法院民事判决书（2015）民申字第 3340 号。
③ "青岛奥商网络技术有限公司等不正当竞争纠纷案"，最高人民法院指导性案例第 10 批 45 号，山东省高级人民法院民事判决书（2010）鲁民三终字第 5-2 号。
④ 天津市高级人民法院民事判决书（2016）津民终 112 号。
⑤ "同花顺公司和上海万得公司不正当竞争纠纷案" 杭州市中级人民法院（2013）浙杭辖终字第 287 号以及"罗浮宫不正当竞争纠纷案"，河北省高级人民法院民事判决书（2016）冀民再 9 号。

身的算法规则、网站自身的权威度、网站内容的建设维护、更新与推广选择、点击率、相关性、网页标题、关键词、描述、主页内容、点击价格等因素相关。②关键词隐性使用行为没有包含在明确列举的不正当竞争行为中，故应综合考虑其设置的推广链接的具体情形、关键词广告市场特性以及网络用户的认知水平等因素，判断其行为是否达到不正当性之程度。③只要设置的推广链接对其商品来源及相关信息做了清楚而不引人误解的描述，在面对自然搜索结果和推广链接中出现的多种商品或服务时，相关公众仍会在综合衡量各方提供商品或服务的价格、质量、功能等因素的基础上选择进行交易的对象，这样也符合市场交易的常态。④网络服务提供商提供竞价排名推广服务，以及向推广用户提供关键词推荐工具的行为，可认定为向用户提供一种网络技术服务，本身不涉及对其推荐的或推广用户设置的关键词进行商标性的使用。

3.2.3　不当抓取互联网数据的行为

数据抓取行为涵盖垂直搜索抓取与搜索引擎抓取两大常见模式，同时包括端口接入、操作系统、基础设施抓取等模式。①"脉脉非法抓取使用新浪微博用户信息案"②作为大数据不正当竞争纠纷案首案，涉及互联网时代用户数据信息收集与使用权利，用户信息越来越成为互联网时代企业发展数据经济、提升业务效率、扩大商业资源、发挥竞争优势、支撑技术创新的重要因素。不仅如此，用户信息的保护程度与措施是衡量经营者行为正当性的重要标准。2016 年 12 月 30 日，北京知识产权法院认定脉脉未经新浪微博用户的同意及新浪微博的授权，非法获取、使用用户信息的行为，构成不正当竞争行为。判决中指出：明确网络平台提供方可以对在用户同意的前提下基于自身经营活动收集并进行商业性使用的用户数据信息主张权利。类似案件同样发生于 2017 年，百度公司未经许可抓取使用汉涛公司运营的大众点评网大量的用户点评信息。

"脉脉案"在法院裁判中明确了互联网行业中适用《反不正当竞争法》第 2 条的六个条件：①法律对该种竞争行为未作出特别规定；②其他经营者的合

---

① 丁道勤. 数据抓取行为法律研究——基于相关案例的考察. 新时代大数据法治峰会论文集，2017：62-66.

② http://news.163.com/17/0111/23/CAHMD95E00018AOR.html "非法抓取使用微博用户信息脉脉终审被判不正当竞争"，北京市海淀区人民法院民事判决书（2015）海民（知）初字第 12602 号。

法权益确因该竞争行为受到实际损害；③该竞争行为因确属违反诚实信用原则
和公认的商业道德而具有不正当性；④该竞争行为采取的技术手段损害了消费
者利益；⑤该竞争行为破坏了互联网环境中的竞争秩序，从而具有引发恶性竞
争的可能性；⑥对于互联网中利用新技术手段或新商业模式的竞争行为应首先
推定其具有正当性。新浪微博之所以会更新用户协议，实则也是对当下数据竞
争的一种焦虑。上述内容其实是为防止竞争对手运用技术手段抓取新浪微博的
内容，将用户创作内容的著作权让渡给平台方的格式条款。在互联网的大环境
下，平台方需要集成大量用户创作的内容，才能提供更好的服务体验。因此，
不少平台方通过用户协议要求用户不同程度地将创作内容的著作权让渡给平
台方，并要求用户同意授权其单独提起诉讼维权。站在平台方网站的角度看，
其长期大量投入人力、财力，付出巨大的成本，使用户免费享受网站服务，平
台方要求在一定程度上获得用户创作内容的某些权益貌似无可厚非。

在相关数据利用不正当竞争的纠纷中，被告通常会提出"垂直搜索"的抗
辩。垂直搜索是一种专业搜索引擎，该搜索服务为用户提供具有针对性的信息
搜索，通常针对的是某一领域、某一特定人群或某一特定需求的特定信息，如
餐饮信息、旅游信息等。垂直搜索引擎抓取的信息主要来源于其所关注的特定
行业网站。此种服务可在一定程度上解决通用搜索引擎的信息量大、查询不准
确、深度不够等问题。虽然该技术本身并不具有违法性，但技术的合法性并不
表明垂直搜索网站在使用该技术时可以不受任何限制。对此，法院一般会认为，
垂直搜索技术作为一种工具手段在价值上具有中立性，但这并不意味着技术本
身可以作为豁免当事人法律责任的依据。无论是垂直搜索技术还是一般的搜索
技术，都应当遵循搜索引擎服务的基本准则，即不应通过提供网络服务而实质
性替代被搜索方的内容提供服务。

3.2.4 基于 robots 协议的不正当竞争行为

robots 协议是国际互联网界通行的道德规范，用来告知搜索引擎哪些页面
能被抓取，哪些页面不能被抓取。基于 robots 协议的不正当竞争行为分为不合
理设置 robots 协议和违反 robots 协议抓取内容两类，而这两类行为往往呈对象
关系。例如在百度诉 360 违反 robots 协议案中，百度认为 360 搜索引擎及浏览
器违背 robots 协议对其网站内容进行链接和抓取，构成了不正当竞争并涉嫌侵
犯著作权；而 360 方则提出百度通过设置 robots 协议，仅仅阻拦 360 搜索引擎

对其网站内容进行抓取收录，事实上，通过滥用 robots 协议来阻止 360 搜索引擎进入搜索引擎服务市场，同样是不正当竞争行为。[①]

尽管对于 robots 协议的效力看法各异，但各国大都承认了 robots 协议的技术规范地位，应当对其加以维护。[②]在上文述及的百度诉 360 案中，我国法院通过审理该案实际确立了通过《反不正当竞争法》规制基于 robots 协议的不正当竞争行为的思路。然而应当注意的是，两种基于 robots 协议的不正当竞争行为均无法归入《反不正当竞争法》已经确立的不正当竞争行为类型之中，而依先例适用诚实信用原则进行裁判则不可避免地造成法律适用的不确定性。

与搜索引擎相关的不正当竞争行为又涉及竞价排名 robots 协议等多种行为。在关于竞价排名引发的不正当竞争纠纷中，法院的现行做法是结合审判经验，首先认定搜索服务提供者的注意义务，进而判断其是否构成帮助侵权。至于通过搜索引擎直接实施的其他行为，如违反 robots 协议的搜索行为，由于没有具体认定标准作为参考，法院多结合《反不正当竞争法》第 2 条的原则性规定，以主观上是否违背诚实信用原则及公认的行业道德及惯例，客观上是否造成实际损害为标准，直接对行为主体进行考量。

3.2.5　恶意软件不兼容行为

关于恶意干扰软件与干扰商业模式的主要行为类型有：①将他人软件界定为可疑或存在风险，警告用户拒绝安装或进行清理；②以存在风险为由，阻止用户设置他人软件为系统默认软件；③在软件升级过程中，替换他人软件；④拦截或阻止他人软件或网站的正常商业模式或商业广告。此类行为侵害经营者的合法权益与消费者的长期利益，有损于互联网市场的正常竞争秩序。

软件不兼容又称软件冲突，是指两个或多个软件在同时运行时，程序可能出现的冲突，导致其中一个软件或两个软件都不能正常工作。而恶意软件不兼容是指产品和服务的提供者出于打击其他经营者的目的，恶意在软件中设置障碍导致软件不能兼容运行的行为。在网络环境中，由于产品和服务数量庞大，不同的软件之间产生不兼容不可避免，不能也不应由法律进行规制。而恶意软件不兼容则不同。此种不兼容是经营者有意设置的，目的在于迫使消费者作出

---

① 百度诉 360 违反 robots 协议案，北京市第一中级人民法院（2013）一中民初字第 2668 号民事判决书。

② 李晴. robots 协议与互联网竞争规治. 硕士学位论文，清华大学，2015.

选择，侵犯了消费者的自主选择权。同时，主动设置恶意软件不兼容的经营者往往在行业内具有相当优势，其在行为之前就已经预估到多数消费者将会选择己方产品，因此，恶意软件不兼容行为的本质是"以大压小""倚强凌弱"，是对其他竞争者公平竞争权的侵犯。此外，恶意软件不兼容行为会影响网络生态的健康发展，是对网络竞争环境的破坏。有鉴于此，《反不正当竞争法》对恶意软件不兼容行为的规制势在必行。

在"百度公司诉 3721 公司案"中①，法院经审理后查明，含有 cnsminkp 文件的"3721 网络实名"对"百度 IE 搜索伴侣"的下载安装制造的障碍，可以通过卸载"3721 网络实名"或删除其中的 cnsminkp 文件或其他技术手段加以解决，以达到使"百度 IE 搜索伴侣"正常下载、安装的目的。"3721 网络实名"并未导致"百度 IE 搜索伴侣"绝对的不能下载安装，仅对"百度 IE 搜索伴侣"的发行和通过网络传播设置了障碍，没有根本地阻止该软件的发行及网络的传播。法院最终依据 1993 年《反不正当竞争法》第 2 条判定，认为以不正当手段谋取竞争优势，违反了公平、诚实信用的原则，3721 公司实施的行为构成不正当竞争。此案并入"恶意对其他经营者合法提供的网络产品或者服务实施不兼容"来讨论，是因为被诉行为不是通过影响"用户选择"实现的，而是直接通过技术手段，阻断了用户选择原告产品，从而影响其合法提供网络产品或服务的行为。

在"奇虎公司诉金山公司不正当竞争纠纷"一案中②，在先安装奇虎 360 公司的 360 杀毒软件，再安装金山公司的新毒霸软件时，后者会弹窗提示用户卸载前者，并在弹窗中设置与 360 杀毒软件无关的链接和图片，且弹窗中相比于颜色较暗的"保留 360 杀毒"按钮，突出显示的"卸载 360 杀毒"默认选中按钮更容易被用户注意到。而弹窗内容除了表明自身软件具有可兼容性外，还标识了其他并非针对 360 杀毒软件本身的信息，目的更倾向于向用户表明"360 杀毒软件长期存在诱导用户卸载等恶意行为"，以此来诱导用户卸载 360 杀毒软件，构成不正当竞争。

在"金山诉奇虎不正当竞争纠纷"一案中③，首先，在已安装了金山新毒霸软件的计算机上，再安装奇虎的 360 杀毒软件，安装过程中会弹窗提示用户

---

① 北京市第二中级人民法院民事判决书（2004）二中民终字第 02387 号。

② 北京市海淀区人民法院（2013）海民初字第 25224 号民事判决书。

③ 北京市西城区人民法院（2014）西民初字第 00146 号民事判决书。

"可能损害计算机"，并默认选中"卸载已安装的安全软件"选项，提示用语带有明显的倾向性；同时还会通过弹窗方式发布"微软公告"，而内容与金山新毒霸并无关联，其目的更倾向于影响用户选择，诱导用户卸载金山新毒霸。其次，360杀毒软件还直接阻止安装金山新毒霸，下载安装金山新毒霸时，360杀毒软件在并不能证明金山新毒霸是"捆绑软件"的情况下，代替用户作出选择、进行删除，即使用户选择"继续安装"，仍然擅自删除金山新毒霸的源文件，因此能够认定360杀毒软件故意阻碍金山新毒霸软件的安装，构成不正当竞争。

3.2.6　恶意破坏他人互联网产品和服务的行为

由于网络世界纷繁复杂，各种利用网络技术进行不正当竞争的行为层出不穷，采用列举的方式不可能穷尽所有类别。但除上文列举的几种典型行为之外，利用网络技术进行不正当竞争的路径往往是通过技术手段破坏他人的产品或服务，使之不能正常发挥作用。因此，笔者以"恶意破坏他人互联网产品或服务的行为"指称此类行为。常见的恶意破坏他人互联网产品和服务的行为包括发布恶意软件破坏他人的互联网产品和服务、浏览器屏蔽他人广告、恶意篡改他人互联网产品和服务等。经营者进行此类不正当竞争行为不仅会导致其他经营者的互联网产品和服务体验下降从而引发用户流失，还有可能导致其他经营者的盈利模式被破坏从而造成直接的经济损失，因此在司法实践中，此类行为均通过《反不正当竞争法》予以规制。

需要注意的是，《反不正当竞争法》对竞争者和竞争秩序的保护高于对消费者的保护，而此类行为中的消费者利益和竞争者利益往往并不一致，如浏览器屏蔽广告虽通常被认为符合消费者利益，但侵犯了挂载广告的经营者权益，因此消费者的诉求或利益不应成为恶意破坏他人互联网产品或服务的免责条件。

在"新浪微博"诉"脉脉"案中①，新浪微博的经营者微梦公司主张，共同运营脉脉软件和脉脉网站的淘友技术公司、淘友科技公司，在合作期间非法抓取新浪微博用户的职业信息、教育信息，在合作结束后非法使用新浪微博用户包括头像、名称、职业信息、教育信息和个人标签等信息，侵犯其合法商业利益，属于不正当竞争行为。本案中一审法官和二审法官都认为脉脉（淘友技

---

① 北京知识产权法院民事判决书（2016）京73民终588号。

术公司、淘友科技公司）不应未经用户许可，以侵害用户知情权的方式非法抓取、使用竞争对手的用户信息和用户关系。此行为违反了诚实信用的原则，违背了公认的商业道德，危害到新浪微博平台用户信息安全，损害了新浪微博（微梦公司）的合法竞争利益，依据 1993 年《反不正当竞争法》第 2 条判决构成不正当竞争。

在"360 扣扣保镖"一案中[①]，奇虎 360 公司专门针对 QQ 软件开发了扣扣保镖。在已安装 QQ 软件的电脑上首次运行扣扣保镖之后，会自动执行"QQ 体检"功能，根据检查情况进行较低评分，提示 QQ 存在严重安全隐患问题，同时还不实地宣称 QQ 存在扫描用户隐私的行为，运用特定技术深度干预 QQ 软件，构成不正当竞争。

在"360 安全卫士软件阻碍搜狗浏览器正常运营"一案中[②]，360 安全卫士以弹窗方式，阻碍搜狗浏览器在安装过程中的默认设置，并阻碍用户手动将已安装的搜狗浏览器设为默认浏览器。在搜狗浏览器安装界面会自动默选"设置为默认浏览器"，安装过程中会弹出来自 360 安全卫士的风险提示。弹窗提示中有一些是奇虎公司不能证明的、会对搜狗浏览器产生负面评价的表述，基于"用户对安全软件存在普遍的信赖"[③]，该提示行为客观上会诱导用户放弃使用或者放弃设置搜狗浏览器为默认浏览器，甚至影响用户对搜狗浏览器的评价，构成不正当竞争。

除上述案件外，近两年发生了数起由数据抓取和利用引发的不正当竞争案件，如大众点评诉百度、韩奋网诉 58 同城等。2017 年《反不正当竞争法》第 12 条第 4 项是兜底条款，主要适用于提供网络服务的经营者利用技术手段所实施的不属于前 3 项所列举行为方式的其他不正当竞争行为，兜底条款可以适用于以上列举的数据竞争行为。互联网竞争变化多样，技术瞬息万变，互联网企业之间的竞争会以多种多样的形式表现出来，因此设立兜底条款是非常必要的。

---

① 广东省高级人民法院（2011）粤高法民三初字第 1 号民事判决书、最高人民法院（2013）民三终字第 5 号民事判决书。

② 北京市第二中级人民法院（2013）二中民初字第 15709 号民事判决书，北京市高级人民法院（2015）高民（知）终字第 1071 号民事判决书。

③ 二审法院认为：由于安全软件在计算机系统中拥有优先权限，用户对安全软件的安全防护和辅助性软件管理功能存在普遍的信赖，安全软件的任何提示行为较之于其他软件的类似行为更容易引起用户的注意，安全软件的建议内容或者默认选项也更容易得到用户的采纳。

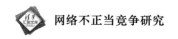

3.2.7　安全软件不正当竞争行为

　　在涉及软件的不正当竞争案件中，较多出现的情形是软件之间的干扰和冲突，具体表现为冲突提示、安装失败、强制卸载、系统蓝屏、死机故障等各类影响用户电脑性能的情形。一般来说，软件冲突是在用户运行计算机程序中产生的正常现象，特别是在安全软件行业领域。但是如果软件冲突超出了正常软件冲突的范围，就可能属于恶意软件冲突，从而构成不正当竞争。根据现有司法判例，判断是否构成恶意软件冲突的标准是，行为主体是否以软件冲突为手段达到不正当竞争目的，认定时要考虑冲突的不可避免性、针对性及破坏性、相关软件行业的行业惯例、软件开发者是否履行了合理注意义务以及是否对用户进行了充分告知等。①

　　2014 年的"百度诉 360 插标案"①，北京市第一中级人民法院、北京市高级人民法院先后于 2013 年 4 月 26 日和 2013 年 12 月 17 日判决 360 "插标"及"劫持流量"行为构成不正当竞争。360 擅自改变百度的网络用户搜索引擎服务的内容，引导用户访问甚至与用户搜索目的完全不同的 360 经营的页面，进而获取用户访问量以谋取不正当利益的行为，属于明显的"搭便车"的行为。2014 年 11 月 19 日，最高人民法院裁定驳回 360 的再审申请。此案入选最高人民法院公布的"十大创新性知识产权案例"。在"搜狗诉 360 不正当竞争案"中，法院认定，360 通过"360 安全卫士"软件将搜狗浏览器默认设置篡改为360 安全浏览器默认设置的行为，构成网络不正当竞争行为。

　　在"金山公司诉奇虎 360 公司不正当竞争纠纷案"中②，奇虎公司"360安全卫士"软件在自身安装升级时或者安装金山网盾过程中会弹出提示框，告知用户金山软件与 360 不兼容以及金山软件可能导致各类账号和隐私信息被盗，并在系统设置默认用户选择卸载金山网盾。法院经审理认为，奇虎 360 公司在"360 安全卫士"软件中进行的设置阻碍了用户使用"金山网盾"，易对相关公众产生误导，违反了市场交易中应当遵循的自愿、公平、诚实信用原则，根据 1993 年《反不正当竞争法》第 2 条构成不正当竞争。被告被诉以"影响用户选择"的方式"妨碍原告合法提供网络产品或服务正常运行"。因此笔者推想，如果该纠纷发生在 2018 年以后，原告有可能会援引本项提起诉讼。

---

① 北京市第一中级人民法院民事判决书（2014）一中民终字第 3283 号。

② 北京市高级人民法院民事判决书（2011）高民终字第 2585 号。

3.2.8　比价软件不正当竞争行为

浏览器中的电商比价插件是近年颇受争议的一个功能。各种比价软件频繁亮相，如搜狗比价、U 发现、猎豹比价、购物小蜜、帮 5 买等。比价软件成为消费者判断折扣高低的有力帮手。但比价软件的商业模式是建立在电商平台之上，因此也不可避免引发与电商平台之间的诉讼。①

3.2.9　内容聚合产品不正当竞争行为

以"爱奇艺诉 VST 全聚合案"为代表，其行为是否构成著作权侵权在司法界尚有争议，但是这类行为因不正当地分流了竞争者的商业流量，导致其商业利益受损，有可能被认为是不正当竞争行为。互联网环境中产品和服务之间的界限并非泾渭分明，传统的行业界限变得模糊，认定提供同类商品或服务的经营者是否具有竞争关系，已经不能满足维护互联网经济正当竞争秩序的需要，因此，受到了国际上对竞争关系扩张解释的影响，我国法院在判断时通常采取广义竞争关系的立场。②在"猎豹浏览器案"和"极路由案"中，人民法院确立的观点在"优酷诉硕文案"中得到了归纳，即《反不正当竞争法》调整的竞争关系的判断，应当重点考量竞争行为的性质及后果，即"应当根据具体行为属性、商业利益上是否存在此消彼长等要素，从非经营者的主营业务或所处行业出发，来界定经营性和竞争性"。③

采用"损人利己"说和"此消彼长"说，认定视频网站和视频广告过滤软件或插件提供者之间存在竞争关系，是当前司法实践中普遍的做法，这种观点也为学术界所认可，对于二者之间存在竞争关系的认定几乎没有争议。

3.2.10　输入法不正当竞争行为

相对于其他产品来说，输入法引发的不正当竞争行为数量相对较少。2015

---

① 北京市第一中级人民法院民事判决书（2005）一中民终字第 4543 号；北京市第一中级人民法院民事判决书（2009）一中民初字第 16849 号。

② 刘文琦.《反不正当竞争法》互联网条款下商业行为正当性判别. 电子知识产权，2018，8：41.

③ 浙江省杭州市中级人民法院（2018）浙 01 民终字第 231 号民事判决书。

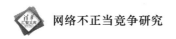

年 4 月 23 日，"百度起诉搜狗输入法不正当竞争案"在北京市海淀区人民法院开庭。①

3.2.11　网络游戏中的不正当竞争行为

近年来，网络游戏产业是全球范围内发展最为迅速的娱乐产业之一。根据我国互联网络信息中心发布的报告，截至 2015 年，我国网络游戏用户规模达到 3.91 亿人，网民使用率为 56.9%。同时，网络游戏企业无序竞争的乱象成为制约产业发展的"瓶颈"。在我国现有的知识产权法律体系框架内，对网络游戏是否可以受到保护及如何保护尚存争议，目前司法实践对网络游戏采取反不正当竞争法的保护路径。②

3.2.12　手机厂商的不正当竞争行为

手机自带应用商店和第三方应用商店的竞争日趋激烈，近年来，众多手机厂商将应用商店运营权回收，甚至还有部分厂商采取了凭借底层系统优势，悄悄对第三方应用商店实行"禁限令"的举措。一般来说，被视为移动互联网最重要入口的应用商店，已经成为众人眼中的"必争之地"，相关诉讼也开始出现。③

北京知识产权法院受理了原告腾讯科技公司、腾讯计算机公司诉"微信自动抢红包"软件运营者不正当竞争纠纷一案。腾讯科技公司与腾讯计算机公司共同诉称："微信红包"最具趣味的关键点是"抢"。"抢红包"本身会带来微信群的瞬间活跃并激发传播欲望。正因"微信红包"具备"钱＋游戏＋社交"的多重功能，故一经推出便在市场蹿红。"微信"软件及"微信红包"功能获得的市场竞争优势和商业价值，应依法受到保护。"微信自动抢红包"软件（"红包快手"软件）由 A 公司开发，通过 B 公司经营的"豌豆荚"平台提供下载。首先，在运行"微信自动抢红包"软件时，用户不需要启动"微信"软件，可以自动抢到微信里的红包，使得"微信红包"的"游戏＋社交"功能无法实现，

---

① 北京市海淀区人民法院民事判决书（2015）海民（知）初字第 4135 号。
② 北京市海淀区人民法院民事判决书（2014）海民初字第 15008 号。
③ 北京市海淀区人民法院民事判决书（2013）海民初字第 13155 号；北京市第一中级人民法院民事判决书（2014）一中民终字第 3283 号。

降低用户对"微信"软件的黏性,破坏微信正常的运行环境和运管秩序。其次,"微信自动抢红包"软件非法监听微信聊天记录,抓取微信聊天记录中涉及红包字样的信息和微信红包中的资金流转情况,严重侵害用户隐私和微信数据安全。最后,被告看中原告"微信"软件超过 10 亿的用户量和"微信红包"的市场价值,才研发"微信自动抢红包"软件,已积累了 6 000 多万的用户量。这种傍"微信"品牌、搭"微信红包"便车、截取原告商业资源的行为是典型的不正当竞争行为。据此,腾讯科技公司及腾讯计算机公司将两被告诉至法院,请求法院判令:①A 公司立即停止开发、宣传、运营"微信自动抢红包"软件的不正当竞争行为;②B 公司立即停止提供"微信自动抢红包"软件下载服务并停止对该软件进行宣传的不正当竞争行为;③二被告在《南方都市报》《新京报》非中缝版面、二被告官方网站、官方微信公众号及官方 APP 首页显著位置刊登声明,消除因其不正当竞争行为造成的不良影响;④二被告连带赔偿原告经济损失及合理支出人民币 5 000 万元。

3.2.13　个人数据保护的不正当竞争行为

我国在很长一段时期里把公民的个人信息作为隐私来保护。在我国,"个人信息"作为一个法律概念首次出现于《中华人民共和国刑法修正案(七)》,增加了"侵犯公民个人信息罪",但并未对"个人信息"作出明确定义。我国学者大多认可"识别说",认为个人信息包括姓名、民族、文化程度等个人基本信息,也包括购习惯、个人喜好等价值信息,以及财产收入、账号密码等隐私信息。个人信息的内容包含个人对信息的知情权,以及自己利用或者授权他人利用的决定权等。因此,从这个意义上说,个人信息权通常被称为"信息自决权"。隐私是指公民不愿他人知晓、过问、入侵或他人不便知晓、过问、入侵的个人信息,并且与公共利益、群众利益无关,只能对有保密义务的人公开,隐私的内容主要包含个人私密不被公开、个人私生活安宁等。提及隐私,人们最先想到私生活的秘密,隐私权也更多指向"私生活秘密权"。虽然个人信息与隐私之间存在交叉,但隐私制度重在防范个人秘密不被非法披露与骚扰。个人信息权有别于隐私权,但是,两者作为两项独立的权利之间的确存在着内在的紧密联系。个人信息权是指个人对其信息的支配和自主决定权,而隐私权是指对隐私以及公开的范畴和水平的决定权。因此,个人信息权与隐私权的差异表现在[①]：一是不同的属性，隐私权只具有能够体现权利人精神利益的人格权属性，而个人信息兼具体现权利人财产利益和精神利益的财产权属性和人格权属性；二是不同的性质，隐私权属于消极性人格权，隐私权相对人的义务为不干涉和不侵犯，即尊重权利人的隐私即可；三是不同的客体，隐私权的客体主要是私密信息，保护的内容是不愿他人干涉的个人事项，如运营商利用网络上的碎片化信息进行处理与分析得出的信息主体的消费习惯、个人爱好等有价值的信息实施的商业计策，属于个人信息保护范畴；四是不同的基础，隐私权以人格尊严和自由发展为基础，从人格自由发展中推导出一般人格权的存在，而个人信息权立足于个人的信息自决权，通过对基本法进行解释推导出信息自决权的存在[②]；五是不同的救济，隐私权保护以事后救济为主，而个人信息的保护则以事前防范为主，且通过法律衡平权利主体和侵权主体之间的利益，个人信息权主体通过主动行使权利，排除他人对个人信息的使用与侵害。例如，被遗忘权、数据携带权的创设就体现了其对个人信息权的积极行使。

近年来，个人信息大量泄露，导致侵犯公民个人信息罪的犯罪率呈现逐渐增长的趋势。例如，物业工作人员非法网络出售 100 余万条小区业主信息被判刑，并处罚金及没收赃款；协警网络非法出售公民驾驶证信息被判刑；银行员工网络非法出售个人征信信息被判刑；房产中心员工网络非法出售个人财产信息被判刑；交警队职员利用职务之便窃取个人隐私被判刑；顺丰员工网络非法出售用户隐私被判刑……根据公开信息，目前已有亿余条公民个人信息遭泄露并被售卖，通过利用职务上的便利，泄露信息获取利益的行为日益猖獗，为加快我国个人信息的保护敲响警钟。国家广播电视总局为了呼吁广大市民保护个人信息安全，推出了一系列影视化作品。例如，电视剧《天下无诈》主要讲述的是通过反网络电信诈骗支队与网络电信诈骗集团智斗，破获一起巨大的网络电信诈骗案件。网络电信诈骗是近年来随着中国"互联网＋金融业"的快速发展，不法分子通过各种渠道以各种方式对公民实施"非接触式"的诈骗行为，给人民群众造成严重的经济损失。近年来，我国网络电信诈骗案件呈高发和持续增长趋势，公民的个人信息大范围泄露或被不法利用是决定性因素。目前，国家下了很大的决心，正在不惜一切代价打击网络电信诈骗，集中了人力、物

---

① 陈奇伟，刘倩阳. 大数据时代的个人信息权及其法律保护. 江西社会科学，2017，9：190.
② 石佳友. 网络环境下的个人信息保护立法. 苏州大学学报，2012，6：86.

力、财力和各个部门的力量，努力减少和挽回老百姓的损失。网络电信诈骗案件的特殊性，决定了打击网络电信诈骗不是公安部门能单独完成的任务，它需要各监管部门通力配合，互相合作，整合社会资源，需要法律法条的跟进、修订与完善，需要全体公民提高防范意识。影视化作品大都揭露了一定的社会现状，在娱乐大众的同时，也对大众起了很大的教育与警示作用，更对我国如何应对与处理这些社会现状提出了更高的要求。

3.2.14　传统不正当竞争行为在网络的延伸

传统不正当竞争行为在网络的延伸，就是指利用互联网技术和互联网平台在网络虚拟空间进行的不正当竞争行为，如互联网的商业诋毁行为和虚假宣传行为。[①]市场竞争的开放性和激烈性不可避免地导致竞争行为的多样性和不可预见性，尤其是在互联网技术高速发展的当下，反不正当竞争法不可能对各种行为方式作出具体化和可预见的规定。在 2017 年《反不正当竞争法》修订前，该类案件只能通过适用 1993 年《反不正当竞争法》一般条款进行判定。

1．商业诋毁

违反商业道德条款属于一般条款同时也是兜底条款。一般来说，所有的不正当竞争行为都违反了商业道德，但在法条适用中，会优先选择适用具体条款，只有在具体条款未做规定的情况下才会选择适用一般条款。在网络直播中，需要选择适用一般条款规制的行为主要有两种[②]：一是不法直播平台盗播或者未经许可转播他人的直播节目的行为，这种行为侵害了他人的独家转播权益，违反了该行业公认的商业道德；二是竞争对手"挖主播"的行为[③]，有法院将其

---

① 如"扣扣保镖案"最高人民法院民事判决书（2013）民三终字第 5 号；"广告屏蔽案"北京市东城区人民法院民事判决书（2013）东民初字第 08310 号；"爬虫协议案"北京市第一中级人民法院民事判决书（2013）一中民初字第 2668 号；"搜索结果插标案"北京市高级人民法院民事判决书（2013）高民终字第 2352 号。田辰，吴白丁."案例群"归纳法与互联网不正当竞争行为规制. 竞争政策研究，2016，7：32.

② 北京市第一中级人民法院民事判决书（2010）一中民初字第 10831 号，北京市朝阳区人民法院民事判决书（2004）朝民初字第 19424 号。参见张钦坤. 中国互联网不正当竞争案件发展实证分析. 电子知识产权，2014，10：27.

③ 北京市海淀区人民法院民事判决书（2006）海民初字第 29416 号，北京视点电子技术有限公司诉北京视翰科技有限公司不正当竞争纠纷案。

定性为擅自使用他人培养并独家签约的知名主播资源，该行为无法促进行业效率提升，对竞争对手造成实质损害、带来无序竞争、损害行业发展，同样违反了商业道德。[①]

网络直播过程中，观众可以通过发布弹幕对直播内容进行实时评论，但与此同时也出现了雇用"网络水军"损害他人商誉的行为。"网络水军"通常受雇于网络公关公司或者其他网络直播经营者，他们通过在直播页面发布弹幕来攻击和诋毁竞争对手，以此损害竞争对手的商誉。这种雇用"网络水军"损害他人商誉的不正当竞争行为传播力量大、监管难，对网络直播平台经营者造成的恶劣影响不容小觑。

2. 虚假宣传

混淆行为即将自己的产品与他人的产品故意混淆，使人误认为是他人商品或与他人存在特定联系。在网络直播中也可能出现混淆行为。例如，在上海耀宇公司诉广州斗鱼公司著作权侵权及不正当竞争纠纷一案（以下简称"耀宇诉斗鱼案"）中[②]，斗鱼直播平台未经许可转播了耀宇公司的独家直播节目，并在其转播页面使用了耀宇公司的"火猫 TV，MarsTV"的标识。此行为足以造成相关公众对两家公司达成合作和授权的误解，进而引起相关公众误认为斗鱼直播平台是耀宇公司旗下产品或者与耀宇公司存在特定联系，斗鱼公司的行为构成混淆。

引人误解的虚假宣传，在前文分析的"耀宇诉斗鱼案"中，斗鱼公司未经允许在其直播网站页面使用耀宇公司的标识，不仅是混淆行为，还构成引人误解的虚假宣传。因为斗鱼公司在其直播网站页面的显著位置突出使用了他人标识，其突出使用行为足以引起直播观众注意到该标识，进而引起直播公众误认为斗鱼公司的直播行为已获得耀宇公司授权，是合法、正当的直播行为。因此我们认为，斗鱼公司未经许可突出使用他人标识的行为构成虚假宣传，是对直播来源合法性的虚假宣传。[③]

大量出现的利用互联网技术进行不正当竞争的行为催生了电子数据这一

---

① 北京市第一中级人民法院民事判决书（2010）一中民初字第 10831 号，北京金山安全软件有限公司诉北京三际无限网络科技有限公司、北京奇虎科技有限公司不正当竞争纠纷案。

② 上海市浦东新区人民法院民事判决书（2015）浦民三（知）初字第 191 号。

③ 蒋舸. 关于竞争行为正当性评判泛道德化反思. 现代法学，2013，6.

证据类别的出现。那种月活跃人数超 10 亿的国民级应用网络平台，大量的个人、企业在其平台中发送文字、图片、语音、视频等，留下了信息与痕迹，而这些有时会成为案件的突破口，甚至是决定案件胜败的关键性证据，也会成为查找网络不正当竞争行为的突破口与重要证据。电子数据作为证据，最大的隐患就是容易遭到篡改，不过微信这方面的压力较小。在微信的记录中，可以较为清楚地体现时间、人物，甚至是地点，而腾讯作为国内顶级的互联网企业，数据安全工作也有保障。另外，《互联网群组信息服务管理规定》第 13 条的规定也为电子数据证据的取证提供了方便。同样的，电子证据在使用时也要做到满足关联性、合法性与真实性。电子证据需要指向案件相关的法律事实，其取证主体、证据表现形式、取证手段、法定调查程序都需要合法，同时也要通过技术辅助手段等加以验证真实，满足诸多条件才能作为证据使用。

3.3 《反不正当竞争法》规定的不正当竞争行为

2017 年修订后的《反不正当竞争法》通过，其中多处涉及网络的内容，可以说这些条文是在目前所处的互联网大背景下应运而生的。网络不正当竞争行为，一部分属于传统不正当竞争行为在网络的延伸，一部分则属于网络中特有的、利用互联网平台或互联网技术手段进行的不正当竞争行为。对于前者，2017年《反不正当竞争法》在相应条款中增加了新情况，对于后者，专设了互联网不正当竞争行为专条进行规制。以下将结合案例对 2017 年修订后的《反不正当竞争法》体现的互联网环境下的不正当竞争行为类型进行全面梳理。

3.3.1 禁止网络中的仿冒混淆行为

2017 年《反不正当竞争法》第 6 条第 3 项规定，擅自使用他人有一定影响的域名主体部分、网站名称、网页等，让人误认为是他人商品或者与他人存在特定联系的，构成商业混淆的不正当竞争行为。

当前互联网已经成为越来越多的市场主体进行宣传甚至经营的重要领地，与互联网相关的标识，如域名、网站名称、页面等，已经能够起到区分和识别市场主体的作用。例如，在北京五八信息技术有限公司（以下简称"五八信息公司"）与五八同城（北京）房地产经纪有限责任公司不正当竞争纠纷案中，法院认为，"58 同城"一词已与五八信息公司所经营网站以及网站所提供的服务建立了特定而稳固的联系，取得了足以区分商品或服务来源的较强的显著性。可见，网络的市场标识也极容易被商业混淆所侵蚀。该条专门单独将此作为一种类型，肯定了这类新型市场标识的区分和识别作用。不仅如此，该条中以"等"字概括，表明其开放性，为将来因技术的进步和发展而在网络内出现的新标识类型得到保护预留空间。

3.3.2　禁止网络中的虚假宣传行为

2017 年《反不正当竞争法》第 8 条规定，经营者不得对其商品的"销售状况""用户评价"等做虚假或者引人误解的商业宣传，欺骗、误导消费者。经营者也不得通过组织虚假交易等方式，帮助其他经营者进行虚假或者引人误解的商业宣传。

新增的"销售状况""用户评价"直指虚假宣传泛滥的电子商务领域。消费者在网络购物中作出选择的重要依据是商家的销售量和购买者的评价。而电子商务平台的不少经营者线下"雇水军"、线上"刷单、刷评价"，不但使自己迅速提升所谓的商业信誉，还使消费者在接收错误信息的情况下作出交易选择，更使其竞争对手在按销售量、评分等排序时落后，并且损失大量的交易机会。

该条的规定主要体现了两大意义。其一，对于电子商务领域经营者提供虚假的销售状况、不真实的用户评价等行为，过去多是消费者依据《中华人民共和国消费者权益保护法》（以下简称《消费者权益保护法》）开展维权。而如今2017 年《反不正当竞争法》给予了平台中的经营者针对此类违法行为采取维权措施的明确依据，增加了虚假宣传经营者的违法成本。其二，尽管 2014 年国家工商行政管理总局出台的《网络交易管理办法》对上述现象已有所规制，但行政规章的层级不够高。《反不正当竞争法》与《网络交易管理办法》相比而言，不仅仅是法律的位阶提高了，还特别增加了规制帮助虚假宣传的"网络水军"。今后，帮助他人刷单炒信、虚构交易等行为也构成违法。这样能够有效净化网络购物的环境，规范电子商务领域的经营活动。

3.3.3 禁止网络中的新型不正当竞争行为

2017 年《反不正当竞争法》第 12 条对利用技术手段在网络从事妨碍、破坏其他经营者合法提供的网络产品或者服务正常运行的不正当竞争行为做了列举规定，被称为"互联网专条"。这一条款是作为互联网时代的标志，而志在必定的。在 1993 年《反不正当竞争法》中，对于网络内新型的不正当竞争行为，司法实践中往往是通过第 2 条一般条款予以规制。而网络技术快速革新更迭，商业模式更新快，相关经营者难以预见其利用新技术进行的竞争行为是否构成违法。对一般条款的过度适用、对商业道德解释的任意性，常常被诟病。

究竟网络中什么类型的竞争行为才能构成不正当竞争？该条概括了网络特有的不正当竞争行为，主要包括：①未经其他经营者同意，在其合法提供的网络产品或者服务中，插入链接、强制进行目标跳转等流量劫持行为；②误导、欺骗、强迫用户修改、关闭、卸载其他经营者合法提供的网络产品或者服务等不当干扰行为；③恶意对其他经营者合法提供的网络产品或者服务实施不兼容行为。这些不正当竞争行为的类型都是从个案中归纳提炼而得。此外，该条还设置了兜底条款，以覆盖和应对未来出现的新类型互联网不正当竞争行为。

1. 插入链接、强制进行目标跳转等流量劫持行为

浙江天猫网络有限公司与上海载和网络科技有限公司、载信软件（上海）有限公司不正当竞争纠纷案是上述第一种"插入链接、强制进行目标跳转"行为的典型案例。在该案中，被告通过"帮 5 淘"购物助手在原告页面中插入相应标识，并以减价标识引导用户至"帮 5 买"网站购物。法院认为该行为会降低原告网站的用户黏性，违反了诚实信用原则和购物助手这一领域公认的商业道德，从而构成不正当竞争。在他人的网络产品中插入链接、强制跳转的行为，也被认为是典型的流量劫持行为。有观点认为，其中"未经经营者同意"过于片面宽泛，还应当考虑消费者是否同意。对此，笔者认为，经营者采取的某些商业方式并不都是消费者所希望或愿意的。而市场可以检验经营行为和商业方式，消费者可以自由选择那些同等情况下愿意"舍弃"自身某些利益以顺应其意愿的经营者。若完全考虑消费者的意愿，很可能会使经营者通过某些"违背"消费者意愿的商业方式获取的合法利益受损。这样消费者的意愿反而可能会成为不正当竞争行为的保护伞。

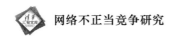

2. 误导、欺骗、强迫用户修改、关闭、卸载其他经营者合法提供的网络产品或者服务等不当干扰行为

关于上述第二种行为，在腾讯科技（深圳）有限公司与北京搜狗科技发展有限公司、北京搜狗信息服务有限公司不正当竞争纠纷案中，被告的搜狗拼音输入法采用定时和不定时弹出"搜狗输入法管理器—输入法修复"窗口的方式，引导用户在"修复"输入法时删除QQ拼音输入法在语言栏的快捷方式，造成用户无法再行选择使用QQ拼音输入法。这一行为最终被法院认为构成不正当竞争。该项规定针对的是不当干扰其他经营者合法的互联网经营行为，归纳了司法实践中常见的"误导""欺骗""强迫"的干扰手段，限定得较为严格明确，在适用上可以比较统一。

3. 恶意对其他经营者合法提供的网络产品或者服务实施不兼容行为

对于该项规定，孔祥俊教授认为，虽有"恶意"的限定，且恶意看似具有否定评价色彩，但由于市场竞争固有的损人利己（甚至损人不利己）性，如何界定恶意与有意的界限仍是一个难题，稍有不慎即会事与愿违。诚然，每每遇到"恶意"就很难认定，但我们可以从不具有"恶意"的情形中思考"恶意"的认定方法。北京奇虎科技有限公司、奇智软件（北京）有限公司与北京金山安全软件有限公司、珠海金山软件有限公司不正当竞争纠纷案的判决可以给我们一个不构成"恶意"的参考方向。在该案中，原告诉称被告的金山网盾阻止其360安全卫士运行的行为构成不正当竞争。北京市第一中级人民法院认为，对于经营者并非恶意造成的软件冲突，尤其是在经营者发现后于合理时间内采取措施解决了软件冲突的情况下，因为该经营者并不具有主观上的恶意，其行为也不应认定为不正当竞争行为。法院的判理至少可以告诉我们，经营者及时采取措施修复不兼容情况可以推定为"非恶意"。关于"恶意"的认定，还有待司法解释进一步明确。

上述三项条文基本规定得比较清楚，限定的类型范围也比较窄，所体现的是这些年认定几类典型互联网不正当竞争行为形成的共识和归纳出的成熟经验。上述3个案件在认定构成不正当竞争行为时均依据了《反不正当竞争法》的原则条款，现在这三类行为有了具体明确的法条予以规制，表明了对其不正当性的认定。然而，仍然还有一些司法实践中已认定为不正当竞争的常见类型，如未经授权或同意抓取其他网络经营者数据和内容等，法条没有对此进行回应。仅具体规定了的三项行为限定得很明确，也可能造成这一互联网专条从实施开始就落后于现实，难以满足现实需要。实际上，现在这几类行为在网络中已比较少见。立法的滞后性难以避免，互联网技术更是发展迅猛，商业方式随之不断更新，新类型的竞争行为层出不穷。很可能最终又变成了一条名义上的互联网专条，因为，对于互联网新型不正当竞争行为，真正发挥作用的仅有第 4 项笼统的兜底条款。那么互联网专条的意义可能会是形式大于实质了。

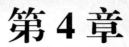

4.1 网络不正当竞争行为法律规制的现存问题

4.1.1 网络不正当竞争行为的法律规制

1. 立法现状

随着互联网尤其是移动互联网的快速普及，互联网企业的快速成长，我国网络不正当竞争行为面临着高发的严峻现实，而目前能够有效规制网络不正当竞争行为的法律规范则表现出严重的滞后性。网络不正当竞争行为的行为特征仍然属于不正当竞争行为规范的范畴。受 2017 年《反不正当竞争法》调整的影响，新兴的利用互联网平台和互联网技术进行的不正当竞争行为，在 2017 年修订以前的《反不正当竞争法》中没有对网络不正当竞争行为进行明确具体法律规制的法律条款，司法实践中各级人民法院在面对网络不正当竞争行为纠纷时，则只能援引 1993 年《反不正当竞争法》中的原则性条款。对网络不正当竞争行为的法律规制表现出明显的滞后性的特征。

同时，个人信息保护的网络不正当竞争问题，是近年来随着互联网信息化的迅速发展日益恶化的问题。虽然在 2005 年时我国立法者及学者们关于个人信息保护法意见稿已经完成，但是真正的个人信息保护法却一直停滞。当然，这并不意味着我国对个人信息不进行保护。当下，我国已有多部法律保护个人信息问题，但大都零星分布在各种法规中，主要通过直接规定和间接规定进行保护。就直接规定来说，如《中华人民共和国刑法修正案（九）》中加大了对严重侵犯公民信息的刑事处罚力度。2017年最高人民法院和最高人民检察院颁布司法解释明确了侵犯个人信息的法律适用，详细解释说明了侵犯个人信息罪的量刑标准。《中华人民共和国传染病防治法》《全国人民代表大会常务委员会关于加强网络信息保护的决定》《保安服务管理条例》《中华人民共和国民法总则》（以下简称《民法总则》）等也都直接对个人信息保护做了明确规定。就间接规定来说，现行宪法规定了保护人格尊严、尊重和保障人权，二者为个人信息权利保护提供了宪法性依据，即根本性依据。《中华人民共和国侵权责任法》（以下简称《侵权责任法》）中规定了侵害隐私权及网络隐私权的责任条款以及救济途径。此外，《民法通则》《中华人民共和国保险法》等法规都对个人信息的保护作出了相关规定。但关于个人信息保护的网络不正当竞争行为规制问题仍然缺乏相应的法律规定。

2. 司法现状

现行《反不正当竞争法》是在2017年修订的，1993年《反不正当竞争法》并未将新兴的网络不正当竞争行为纳入规制范围。2017年《反不正当竞争法》正式实施之前的司法实践中，法官一般援引1993年《反不正当竞争法》第2条第2款的诚实信用原则进行法律适用。立法的滞后性，反映到司法实践中就是对1993年《反不正当竞争法》的原则性条款的滥用，在各级人民法院审理的网络不正当竞争行为纠纷案件中，各级人民法院对1993年《反不正当竞争法》原则性条款的适用则显得得心应手，而对于其具体不正当竞争类型条款的法律适用则显得捉襟见肘。

3. 行政管理现状

从1993年《反不正当竞争法》第3条规定可知，网络不正当竞争行为在2017年之前是由原各级地方工商行政管理部门依法进行管理的，当时的国家工业和信息化部对网络不正当竞争行为进行监督检查，实际上并没有明确的法律授权，主要依据是一些行政法规和部门规章。在实践中，国家工业和信息化部也依据的是相应的行政法规和部门规章，对诸如"3Q"大战等具有较大影响的网络不正当竞争行为进行了监督和管理。

因此，2017 年修订的《反不正当竞争法》对 1993 年《反不正当竞争法》第 3 条第 2 款进行了相应的修订，基于修订后的 2017 年《反不正当竞争法》的相关法律条款，国家工业和信息化部发布了一系列规制网络不正当竞争行为的部门规章，如《规范互联网信息服务市场秩序若干规定》《关于在打击治理移动互联网恶意程序专项行动中做好应用商店安全检查工作的通知》《移动互联网恶意程序监测与处置机制》等。

4.1.2　我国目前网络不正当竞争行为法律规制中存在的问题

1. 现有法律规范不能完全涵盖网络不正当竞争行为类型

1993 年《反不正当竞争法》由于当时立法的时代背景，没有对网络不正当竞争行为进行具体类型规定，其规定的 11 种不正当竞争行为类型是不能涵盖一些新兴的网络不正当竞争行为的；同时，1993 年《反不正当竞争法》对反不正当竞争行为的一些原则问题的规定又过于笼统和不确定，这也带来在具体司法实践中对网络不正当竞争行为的认定出现众多富有争议的判决。[①]直到 2017 年修订的《反不正当竞争法》中新增了第 12 条——"互联网专条"，使网络不正当竞争行为的具体类型得以适用明确的法律规定，但该条在立法修订中和获得法律通过后，在法律学界和司法实务界仍充满各种争议。

2. 网络不正当竞争行为法律适用的司法解释不足

在法律适用的司法实践中，各级人民法院在法律适用时，只有穷尽适用法律规则不能之后，才可以去寻求法律原则的适用，否则有可能带来法官的自由裁量权过大的险境。穷尽所有法律规则的最好方法，是最高司法权力机关对现有法律法规进行准确的司法解释。

对于利用互联网平台和互联网技术进行的网络不正当竞争行为，最高司法权力机关是可以对现行《反不正当竞争法》进行法律适用的解释的，通过完善相关司法解释也是可以有效规制网络不正当竞争行为的。然而，在 2017 年《反不正当竞争法》正式实施前，在法律适用的司法实践中，各级人民法院的法官在处理网络的不正当竞争纠纷案件时，大多是直接适用 1993 年《反不正当竞争法》第 2 条规定的一般原则性的条款，对现有的法律法规的司法解释则很少。

---

① 倪泰. 专家聚焦《反不正当竞争法〈修订草案送审稿〉》互联网条款. 中国工商报,2016-04-27.

3. 网络不正当竞争行为行政管理职能缺位

网络不正当竞争行为与传统不正当竞争行为在本质特征上是完全相同的，其行政管理机关依法应当是原县级以上的各级工商行政管理机关。但在网络不正当竞争行为的行政监督检查实践中，原各级工商管理机关对网络不正当竞争行为的监督检查管理是无法履行的。原因在于，一是原各级工商行政管理机关缺乏必要的互联网技术力量的支持；二是由于依法行政原则和 1993 年《反不正当竞争法》对第 2 条适用的行政责任条款的遗漏，我国行政执法机关在行政执法过程中是不认同 1993 年《反不正当竞争法》第 2 条的"一般条款"对网络不正当竞争行为的法律适用地位的，因而，在网络不正当竞争行为的行政监督检查实践中，几乎是看不到依据 1993 年《反不正当竞争法》第 2 条作出的行政裁判的。①这就带来大量的网络不正当竞争行为处于无法进行行政监管的混乱状态。

4. 个人信息保护的网络不正当竞争行为问题突出

信息化背景之下，大量个人信息的涌入产生了许多严重的问题。在大数据成为中国特色社会主义新时代经济发展新动力的同时，围绕大数据及其相关领域也可能会出现诸多问题。大数据时代，伴随着"互联网+数据"迅猛发展，使得数据成为一种新型的"生产资料"的同时，亦导致个人信息保护的网络不正当竞争行为问题、个人信息安全等问题突出。②个人信息与个人隐私的范围界定存在"等同说"和"区分说"，导致个人信息的保护范围相对模糊和难以认定。通过单独界定个人信息的范围才能够实现周全性保护，进而才能够更容易地从法律层面进行保护。至此，权利受侵害的公民才能够通过法律途径救济，使得不法分子不敢肆意妄为。并且，个人信息权的合理内涵欠缺，也没有对其进行法律定性，更没有区分合法与非法行为。《民法典各分编（草案）》也没有说明是否需要信息权利人的明示同意。我国应借鉴欧盟的经验，在授权条款也明确的前提下，才可认定为授权。③这样也有利于维护人格权体系，保证立法的严谨性和统一性。现阶段我国公民的个人信息泄露被非法利用后，很难寻求到相应的法律救济，以维护自身权益，这对相对于信息控制者已经处于弱势地

---

① 钟明钊. 竞争法. 北京：法律出版社，2016：99.

② 陶茂丽，王泽成. 大数据时代的个人信息保护机制研究. 情报探索，2016，1：12.

③ 王利明. 数据共享与个人信息保护. 现代法学，2019，1：29.

位的公民非常不公平，也使得缺乏有效救济措施的法律只能沦为一纸空文，无法达到其真正的效益。因此，制定切实有效的救济措施，让公民学会通过法律途径救济自己的权益，才能让法律真正成为公民可依靠的手段。现阶段愈发严重的信息泄露问题与监管机构设置并不匹配，出现机构无管理权限或多方具有权限的机构，无法确定最终监督权的现状，导致行业组织混乱，缺乏自律性和自觉性，互联网行业的利益也受损严重。先前的行业组织自律规范，大多由互联网行业巨头制定，往往具有独断性质，使得广大中小互联网行业的利益受损相当严重。因此，立法应当设立独立监管机构，明确监管机构的管理权限及职责，合理划分，在此基础上对自律组织进行指导、监督，尽快完善行业自律机制。①虽然目前已有很多关于个人信息保护的法律法规，但大多只是概括性规范，缺乏内在的逻辑性和系统性，缺乏与之对应的配套制度，缺乏有效的监管机构。因此，我国个人信息保护，仅仅限于原则性的法律规定，法律保护缺乏完整性与系统性。

5. 电商刷单行为的法律规制存在诸多问题

电商刷单行为是电子商务行业深入发展的新产物，涉及刷单经营者、刷单中介、刷客、电商平台、消费者等广泛主体，成因复杂，难以规制。我国电子商务行业法律体系尚未形成，社会征信体系还在建设之中，法律规制的现实中存在诸多问题。

（1）电子商务行业法律体系不完善。近些年，国家增设了相关法律规范规制刷单行为。2017 年《反不正当竞争法》，虚假宣传的范围增加了商品的销售状况、用户评价等。《消费者权益保护法》确立了消费者的知情权和经营者提供商品真实信息的义务。《侵害消费者权益行为处罚办法》和《网络交易管理办法》中均增设了相关内容。尤其是刚刚颁布实施的《中华人民共和国电子商务法》作为电子商务领域的基本法，为规制电商的不法行为奠定了法律框架，同时也有了对刷单行为进行法律制裁的司法实践。阿里巴巴对刷单平台"傻推网"提起的诉讼被称为"电商起诉刷单平台第一案"。全国"刷单入刑"第一案中，法院认定刷单平台"零距网商联盟"的组织者李某某构成非法经营罪。董某雇用谢某恶意大量购买南京智齿科技公司淘宝店铺的商品，致使其被淘宝

---

① 郭明龙. 个人信息的侵权法保护. 北京：中国法制出版社，2012：117.

处以商品搜索降权的行为，被法院以破坏生产经营罪定罪处罚。①但是在此前很长一段时间内，刷单行为一直处于法律监管的空白地带，致使刷单现象野蛮生长。由于学术界对我国电子商务的立法条件和立法模式存在争议，我国电子商务行业的立法进程相对缓慢，长期处于滞后状态，到现在电子商务行业的法律体系也尚未形成。法律对于刷单行为规定得较为零散，实践中对其如何定性、如何适用法律仍存在不同意见。此外，由于法律适用的严格性和滞后性，以及司法成本较高，仅仅依靠国家法律对刷单行为进行规制，缺乏效率性和经济性。

（2）电子商务平台的信用评价机制不合理，社会信用体系不健全。由于互联网交易的虚拟性、跨区域性等特点，消费者在挑选商品时不能切实感知，电子商务领域的信用评价机制尤为重要。目前，大多数电商平台的信用评价机制是：买家在交易成功后对卖家进行评价，对应不同的信用积分；买家在搜索商品时，可以选择按照卖家信用等级、商品销量等进行排序。这种信用评价方式有助于消费者在海量的商品中快速找到较为优质的商品，但也催生了商家对成交量和信用等级的强烈需求。对电商的信用评价完全取决于商品销量和购买者评价，也给商家留下通过刷单制造虚假评价的机会。不合理的信用评价机制成了电商刷单的推手。同时，各平台的信用评价系统各自独立，相互封闭，使商家的信用情况具有片面性。极有可能出现商家在一个平台上存在失信行为，而在其他平台没有记录，继而可以转至其他平台继续刷单的现象。这一现象使电子商务行业难以对刷单行为进行整体管理，增加了监管成本，降低了监管效率。改革开放以来，我国市场经济发展取得了巨大成就，但也凸显出许多问题，社会信用问题便是其中之一。市场信用严重不足、信用记录不全、社会信用机制不完善，使得社会信用易被破坏。电子商务行业在发展初期就处于糟糕的社会信用环境中，整个行业发展受到严重冲击。加之互联网活动的虚拟性，甚至会加重对市场信用环境的破坏。现阶段，国家越来越重视对社会征信体系的建设，该体系也随着互联网技术的发展不断完善，但尚未健全。

（3）平台故意纵容，未履行监管职责。在电子商务行业发展初期，电商平台为了快速发展壮大，对商家刷单往往采取放任的态度。平台的发展与进驻的商家数量以及市场成交量密不可分，平台内商家越多、交易量越大，就会吸引

---

① 浙江省杭州市西湖区人民法院民事判决书（2016）浙 0106 民初 11140 号、杭州市滨江区人民法院刑事判决书（2015）杭滨刑初字第 198 号、江苏省南京市雨花台区人民法院刑事判决书（2015）雨刑二初字第 29 号。

更多消费者，形成更大的竞争优势。而且，此时刷单者的数量较少，不为大多数人所知，对平台信誉的危害程度低。因此，平台对于商家的刷单行为放任自流，这在很大程度上导致了电商刷单泛滥成灾。随着电商市场份额基本瓜分完毕、竞争固化，平台对吸引商家以及取得成交量优势的需求降低，且刷单行为日益泛滥，降低平台信誉，导致消费者流失的消极作用日益凸显。许多平台由放纵转变为坚决打击，制定了相关规则，采取了相应措施。但同时，电商平台普遍从商家的营业额中收取技术服务费，这使得平台对商家刷单行为的态度犹豫不决，对其查处难以真正客观公正。现行法律并未具体规定电商平台对商家刷单行为的监督手段和法律责任。多数平台采取的规制措施不到位。平台对相关管理人员配备严重不足，对监管技术的投入过少，导致大量的刷单行为难以被发现和查处。电商平台作为电子商务活动的场所，可对商家进行实时监督，较之政府监管无疑是专业、高效、低成本的。但是由于其对刷单行为的态度摇摆不定、监管措施不健全，尽管现在多数平台宣称对刷单行为决不姑息，而真正进行有效查处的只是凤毛麟角。

4.1.3　我国当前规制网络不正当竞争行为的制度评价

1. 反不正当竞争行为的利益分配涉及不同的主体

网络不正当竞争行为的数据权属的问题，究其根本，是一个数据之上不同相关主体利益如何分配的问题。在数据的产生、收集、处理、利用、共享等链条中，会出现不同的利益相关方，进行不同的要素投入，并有可能对数据从不同角度提出利益诉求，如基于民法、不正当竞争原则条款等法律依据，主张获得法律上认可保护的法益。数据利益分配，需要通过场景化的讨论来获得更加清晰的规则，并提供进一步形成抽象规则的可能性。社交软件作为用户登录渠道的数据冲突事件，提供了一种可供分析的典型场景。

个人数据，可以被认为是数据利益分配的一个特定情形，并且基本已经在国内外立法和实践中达成共识。个人数据是与识别个人身份有关的数据，根据其与主体的特定联系，可以由个人来取得相应控制权，控制的具体表现形式，可能根据不同的立法原则和实践模式有所不同。以被称为"史上最严"的欧盟《一般数据保护条例》（GDPR）为例，个人针对其个人数据的权利包括同意权、访问权、更正权、删除权（被遗忘权）、可携带权等。

因此,在与个人身份识别相关度较高的领域,个人作为一种主体,对于其个人信息或数据的权利/法益已经获得确认,尤其是因为通常被认为具有人格属性,而具有相对较高的法律价值位阶。但是,如前所述,如果说个人是数据产生和利用的一个输入要素,那么在数据的整个生产、加工、流转的产业链中,有很多其他主体也进行了要素投入,对于作为产出的数据,也都产生了控制,甚至是排他控制的权利诉求,从而引发了多种形式的数据冲突和利益分配的主张。

在实践中,个人数据通常会被商业主体进行收集、处理、加工、集聚,而成为一种经营性资产,在很多领域有可能成为体现核心竞争力的资产,而对这些数据的争夺,会成为其他企业进行用户推广、精准营销等的重要助力。但是,由于数据并未在立法中明确法定权利的地位,主要是通过司法实践的个案探索,运用法律一般原则条款进行准赋权性质的保护,因而具有相当大的不确定性,企业对于数据的控制主张,是否可以得到法官的认可,取决于具体的客观事实情况和相关的各种利益权衡,而不能认为在法律上必然成立。

2. 反不正当竞争行为正当性的认定

目前看来,通过反不正当竞争法原则条款,来认定的不正当数据利用行为,如典型的"微博诉脉脉案",还需要特别考虑数据获取方对于用户主观意志的违反,该案中三重授权原则的提出,单方面考虑企业的诉求,但是,用户意志的违反依然是具有重要权重的考虑因素。可以认为,微博诉脉脉案的结论是建立在未经用户许可这一前提之上的。

在社交软件的众多数据利用场景中,较为典型的恰恰是经过用户同意/授权,甚至是用户主动发起的对自己数据的获取行为。以通过调取社交软件数据进行新账户的注册或登录行为为例,用户在注册或者登录 A 软件的账户时,为了方便起见,有可能选择 B 社交软件的账户直接注册或者登录。实践中,微信是最常见的利用个性化的用户名来进行注册或登录,微信注册/登录存在快捷、方便、自动登录等良好的用户体验,因而成为比较受欢迎的一种登录方式。微信也通常会通过开放数据交换端口,来为其他软件的用户提供这一登录渠道。

作为用户的个人信息,由于账户的注册和登录过程整体上是由用户来主导与控制的行为,社交软件在这一过程中,主要承担了一个辅助性的渠道功能,通过一定程度的自动化方式,在接收到用户的指令之后,来辅助用户调用其个人数据,完成第三方账户的注册和登录。在《一般数据保护条例》里,这体现为用户的"可携带权",对应的是企业需要根据用户指示,承担提供"结构化、通用化和可机读的"数据，并向其他企业去转移这些数据的义务。

在竞争行为正当性的认定上，最高法院在"海带配额案"中提出了指导性意见，在猎豹浏览器案中，被告认为，浏览器具有广告过滤功能是行业惯例，然而，法院认为，被告证据无法证明这一事实，且网络广告过滤与视频广告过滤并非同一概念，并提出了"非公益必要不得干扰"原则。但在世界之窗案一审裁判中，法院认为市场竞争产生的损害是中性的，只有特定的损害才成为不正当竞争的考量因素，这一论证实质是对"非公益必要不得干扰"原则提出了质疑。不过，在世界之窗案的二审判决中，北京知识产权法院径直引用《互联网广告管理暂行办法》第 16 条，并以此作为公认的商业道德，几乎"一刀切"地将视频广告过滤行为认定为违反公认商业道德的行为。然而，笔者认为，在互联网更新速度快且发展多元化的大环境下，部分行业尚未形成其行业的一般惯例，法院以此作为探讨正当性的考量因素，多少有些力不从心。此外，能否直接利用行业准则作为公认的商业道德也仍存争议，有待进一步商榷。

3. 网络不正当竞争行为的利益认定

社交软件是否可以拒绝提供这种数据开放和交换功能呢？或者，对于已经被第三方软件通过上述交换功能获取的数据，是否可以主张排他性的权利，随时要求第三方软件停用呢？如前所述，如果在《一般数据保护条例》的管辖范围内，根据可携带权的规定，社交软件不仅不能拒绝或者要求排他权利，反而负有提供标准化数据、协助数据转移的义务。当然，可携带权目前为止还没有引入中国立法，但是其中体现的用户利益考量，未必不应该进入司法和立法的利益权衡视野。

回到中国法的场景，要回答上述问题，实践中需要考虑两个方面的维度：第一，社交软件主张对于数据控制权的权利基础何在；第二，即使社交软件对于特定数据存在一定的利益主张可能性，这种主张是否可以优先于用户对其个人数据的控制权利而存在。

社交软件数据控制权利的权利来源的形成与确认，可以考虑遵循"微博诉脉脉""大众点评诉百度"等近期知名案例的思路，主张自己通过收集、加工或者提供基础设施，对于数据进行了实质性的投入，从而形成一种可以援引《反不正当竞争法》原则条款来进行保护的法益。其背后的理论是投资产生财产性利益、激励理论和防止"搭便车"的宽泛理念。

需要注意的是，《反不正当竞争法》一般条款的适用，虽然在实践中屡见不鲜，但对其批评的观点也从未停止出现。最主要的批判，是认为通过一般条款的适用，扩大保护未被法定权利涵盖的利益，一方面会造成对于法定权利制度框架和价值判断的架空，使得原有法律体系中，明确不受保护的"纯粹经济损失"以曲线的方式不停地被纳入法律保护，打破了法律体系的整体平衡。另一方面，缺乏细致论证和前提限定的原则条款应用，创设了巨大的不确定性，给数据利用相关的产业带来实质性的成本和障碍。较为合理和理性的方案，是对原则条款的应用进行类型化、要件化，充分考虑多个要素和标准、多方主体的利益，特别是在技术过程相对复杂并存在证明难点的情况下，需要在对事实和证据进行全面、深入调查的前提下，谨慎作出判断，防止利益失衡。

4. 网络不正当竞争行为数据权利的冲突

探讨网络不正当竞争行为数据权利的冲突，从保护数据利益的因素，到社交软件数据调用的具体场景，判断特定的数据利用行为，是否构成对《反不正当竞争法》原则条款的违反。笔者认为，对数据权利的保护至少需要考虑以下因素：数据本身的属性和特点；主张数据权利的企业，对于数据进行的加工和投资情况（贡献程度）；第三方的数据获取或利用行为的特点；数据利用行为对于主张权利一方企业产生的损害情况，特别是替代性效果分析。这一思路目前在司法实践中日渐获得认可，也体现在"大众点评诉百度"等典型案例的论证之中。

首先，关于数据本身的属性和特点。以微信用户昵称和头像图片为例，数据本身具有较强的个人数据属性，有时候可能图片还构成作品，从而受到著作权保护，而每一次第三方数据调用，是在用户指示下，单独调用该用户的数据，不涉及数据的结构化或非结构化的批量调用，这一点，与"微博诉脉脉案"有可能存在重要区别。

关于第二个因素，主张数据权利的企业对于数据进行的加工和投资情况（贡献程度）。腾讯作为微信的运营商，固然可以主张数据曾经在其运营的软件程序中存在，但是单就用户昵称和头像图片，难言腾讯对其进行了实质性的投资、加工、管理，本质上还是由用户自行选取、上传。如果存储本身就可以构成一种法律上认可的实质性投资，这一宽泛的认定，很有可能把实质性投资的门槛降到极低。所有信息存储空间服务提供者或许都有可能据此主张对于所存储信息的权利，这显然与我们一般的认知常识产生了较大冲突。

关于第三个因素，第三方的数据获取或利用行为。在用户主动发起调取数据指令的假设下，显然与"微博诉脉脉案"产生了重要的分野。如前所述，在用户主导的行为过程中，第三方对于数据的获取，与微信提供数据交换端口一样，都是在用户意志主导下对其个人数据利用过程的一个环节，因而比较容易被认为具有正当性。

第四个因素，数据利用行为对于主张权利一方企业产生的损害情况，特别是替代性效果分析，常常成为判断的最关键要素。上述因素的考虑，对应的是"激励理论"，防止有可能导致市场失灵的"搭便车"行为。实践中，法官们倾向于认为，如果被告的行为导致原告的核心竞争性资产被无偿或者低成本占有，并产生了较为明显的替代性效果，那么，就更有可能产生法律上值得保护的利益。这种替代性效果分析，是在信息保护领域进行利益平衡的最重要思路之一，包括著作权的合理使用分析，也特别注重这一效果。回到微信用户昵称和头像图片，对于腾讯而言，开放第三方账户注册/登录数据端口是普遍的实践，这意味着此类数据调取行为总体上是有利于加强微信本身的竞争优势的。当然，在经过缜密的不正当竞争法分析之前，不能直接简单认定微信负有开放数据交换端口的法定义务，但是，普遍开放端口的实践至少可以说明，调用用户昵称和头像图片进行第三方登录，通常不会导致微信核心竞争优势的流失，或者导致第三方的数据利用行为产生替代性的市场效果。如想要证明替代性效果在这一场景存在，恐怕需要十分强大的证据组合。

企业数据利益与个人数据权利的冲突处理，使能够认定企业针对特定数据获取与利用行为存在一定值得保护的利益，当这种利益与法律价值位阶上更加优先的权利产生冲突时，有可能要让位于这种明确获得认可的权利。在社交软件账号数据调用的场景下，针对用户昵称和头像图片这些特定数据，其个人数据属性显然更为强烈，一方面用户对其拥有完全的选取和决定权，企业并没有参与这些数据的原始产生，亦没有进行实质性的加工；另一方面，个人数据在立法上被通常认可的人格属性，使得它们与用户主体关联更加密切。当用户的控制权与企业主张的稀薄利益产生直接冲突时，特别是考虑到这种数据的利用不会对企业的核心竞争优势造成替代性的破坏，两相权衡，个人数据权利处于优先位阶，应该是不难得出的合乎逻辑的结论。即使企业和用户之间通过格式合同进行了特殊的约定，一方面这可能违反了个人信息保护法律规则的要求，属于过度约定，不符合最小化原则；另一方面，格式条款亦有可能因为实质性、单方面限制了用户权利而面临无效的质疑。

数字经济时代的基础性价值不言而喻，但是数据包罗万象，几乎涵盖所有行业和信息类型，因此，脱离场景化而进行一般意义的赋权讨论，缺乏现实意义。通过反不正当竞争法原则条款进行司法上的"准赋权"行为，务必慎之又慎。①一方面要考虑到法律技术和逻辑的自治，在充分尊重事实和证据的前提下，在实践中已有探索的要件框架下，对各方利益进行动态和周全的衡量。另一方面，在数字经济随时面临跨越式发展可能性的当下，基于数据的创新常常在边缘地带发生，开放、共享、流动应当作为默认规则进行倡导，主张控制和封闭的一方，应当承担更多的举证责任，来证明例外的成立。这并不是数据带来的新问题，是信息财产理论一以贯之的立场，只有在可能出现市场失灵、公共利益受损等被证实的特定场景下，才有必要创设对于信息的控制性权利，否则，信息的流动、共享和融合，应是最为有利于边缘化创新的基础条件。①

4.2　网络不正当竞争行为的认定

4.2.1　网络不正当竞争行为的主观认定

《反不正当竞争法》第 6 条第 1 项规定的"擅自使用"，意味着对于主观状态的要求是故意，且认定起来一般并不困难。但据权威解读，《巴黎公约》第 10 条之二第 3 款第 1 项规定的仿冒混淆行为并不要求恶意，也即这些行为是否善意实施并不重要，但善意影响所适用的制裁。②在我国，仿冒混淆行为通常是恶意实施的。而且，《最高人民法院关于审理不正当竞争民事案件应用法律若干问题的解释》第 1 条第 2 款的特别规定，暗含的前提应当是在相同地域内的使用都是恶意使用，不同地域范围内的善意使用，不构成不正当竞争。

1. 网络不正当竞争行为应以客观过错为要件

各种类型的不正当竞争行为作为一种违法侵权行为，在司法实践中通常被

---

① 汪涌. 软件不正当竞争行为及其法律规制. 法律适用，2012，4.

② 博登浩森. 保护工业产权巴黎公约指南. 汤宗舜，段瑞林译. 北京：中国人民大学出版社，2003：96.

认作特殊类型的侵权行为。①按照我国民法的基本法理，常规的一般类型的侵权应以主观过错为要件。网络的信息传播具有快捷性和便利性，信息量也是非常巨大的，若对互联网经营者苛以过重的注意义务，实际上是不利于互联网技术的发展和商业模式创新的。因此，对网络不正当竞争行为的认定采取过错说更加符合客观需求，对其不正当竞争行为主观要件的认定应理解为互联网平台经营者的主观过错，是体现在具体的网络不正当竞争行为中的。在审理网络的不正当竞争纠纷案件的实践中，各级人民法院往往会结合互联网平台经营者的具体行为目的和行为结果来进行分析和判断。

例如，在"合一公司诉金山公司案"中，对于金山公司的猎豹浏览器经营者提出的其浏览器屏蔽功能并非针对合一公司的优酷网开发的。法院认为，是否针对特定的软件开发一款新的软件并不是本案审理的关键，网络屏蔽软件的开发经营行为，在主观上是否是具体针对合一公司的优酷网是案件审理需要考虑的情节之一。本案中，除了有证据证明被告金山公司的猎豹浏览器可以过滤合一公司的优酷网视频广告外，猎豹浏览器还专门宣传其可以过滤合一公司的优酷网视频广告，因此，不论从客观方面还是主观方面，都表明被告金山公司对原告合一公司侵权行为的针对性，故被告金山公司对其行为具有一定的主观过错。②

对主观故意的理论划分，主要有主观过错说与客观过错说。主观过错说是常规的一般类型的通说，在大陆法系国家得到学界一致认可。客观过错说是以具体的行为对相应注意义务的违反为判断标准。实际上是认为行为人的主观过错状态是行为人应注意的其相应义务。①随着侵权行为法的发展，近年对过错的判断标准越来越倾向客观化的具体认定，对网络不正当竞争行为的认定，就像我们上述论证的一样。①互联网平台经营者应以具体行为为前提和条件，对其具体行为进行分析和判断。①对于网络不正当竞争行为中互联网经营者的主观目的，只能通过互联网经营者的具体的不正当竞争违法行为，才能判断其主观过错状态。所以，在网络不正当竞争行为纠纷案件审理中也应当秉持这一判断标准。①

---

① 汪涌. 软件不正当竞争行为及其法律规制. 法律适用，2012，4.

② 北京市海淀区人民法院民事判决书（2013）海民初字第 13155 号，北京市第一中级人民法院民事判决书（2014）一中民终字第 3284 号。

2. 网络不正当竞争行为的认定应以过错推定为原则

善意和恶意是对于行为人内心状态的一种抽象，也是主观见之于客观的东西，可以为划定解决权利冲突的法律界限提供正当化的基础。对于善意或者恶意的要求是利益平衡的一种调节器，如保护善意第三人；它使法定界限更加符合人们的法感情，即保护善意的行为而制裁恶意的行为，为规则提供正当的道德基础。民法上的善意有两种意义：一是意思主义的善意，即行为人动机纯正，没有损人利己的不法或者不正当的主观态度；二是观念主义的善意，即行为人在实施行为时不知道存在某种足以影响该行为法律效力的因素的一种心理状态。学者又将后者划分为"积极观念"说与"消极观念"说。前者要求行为人相信其行为的相对人依法享有权利，而后者认为行为人不知道或者不应知道其行为缺乏法律上的根据或者相对人无权利。前者的要求较高，要求排除内心的怀疑。由于善意作为一种法律概念，立法目的是维护交易安全，善意的标准不宜过高，故一般采用消极观念说。

善意是相对于恶意而言的，无攀附他人商誉和制造市场混淆的意图，通常可以构成善意获取或使用，即使需要承担法律上的义务，也并不承担法律责任。相反，在通常情况下，主观上具有恶意和客观上具有攀附他人商誉的效果的知识产权权利冲突，可以构成侵权行为或者不正当竞争。

在网络不正当竞争行为纠纷案件中，"主观恶意"的判断，可结合提供的产品或服务是否具有针对性以及是否存在诱导式宣传推广两方面进行。有学者提出，要将"是否将屏蔽的权力赋予用户"纳入主观恶意的考量[①]，并有学者对广告过滤软件或插件作出"自动安装 + 默认开启屏蔽""选择安装 + 默认开启屏蔽""自动安装 + 默认关闭屏蔽"以及"选择安装 + 默认关闭屏蔽"四种类型的划分，认为后两种类型未剥夺消费者选择权，构成技术上的中立，也即不存在主观上的恶意。[②]对此，在用户预期视角下，免费用户并不享有免受广告打扰的期待，无论其接受第三方的视频前广告过滤服务，究竟是否出于自由选择，皆不影响第三方对于该免费用户与视频网站之间视频播放服务破坏的认定。由此，"是否将屏蔽的权力赋予用户"仅是过滤软件提供者进行抗辩的挡箭牌，实质不会对事实认定产生影响。

---

① 覃腾英. 《反不正当竞争法》视阈下屏蔽广告行为的定性——以消费者利益保护为视角. 电子知识产权，2018，6：62.

② 郭壬癸. 互联网视频广告屏蔽行为的竞争法规制研究. 电子知识产权，2018，8：50.

（1）提供产品或服务是否具有针对性。是否具有针对性，是一种通过行为人客观行为，推断其是否具有主观过错的方式，即根据个案的具体情形，经营者的行为不是以促进自身竞争优势为指向，而是以损害竞争者竞争为指向。[①]在"720 浏览器案"中，法院就以 720 浏览器中屏蔽视频广告的插件并非是针对特定对象开发和使用为由，认为被告行为难以认定为违背诚实信用原则和商业道德，故判决被告不构成不正当竞争。[②]当前浏览器过滤广告的方式主要有三种，包括通过 URL 地址进行过滤，使用插件、底层扩展等方式对浏览器进行配置以及通过第三方插件方式过滤。由于笔者难以找到当时该案一审判决书，故并不清楚 720 浏览器所采取的是何种过滤方式。然而根据"猎豹浏览器案"中专家辅助人所言，视频片头广告多体现为 URL 地址，浏览器只要将该段网址置于过滤策略里，就能实现过滤效果。不同于对各类弹出式广告的过滤方式，各视频网站的视频广告通常具有不同特征，视频广告过滤软件的开发者一般需要对某一或某些视频网站进行针对性开发设置。在"世界之窗案"二审判决中，被上诉人明确认可，被诉浏览器的视频广告过滤功能需要针对具体的 URL 进行单独设置，且亦认可本案涉及的腾讯视频有其具体对应的 URL 地址。由于用户天然具有希望一切产品或服务免费的需求，当广告过滤服务具备一定针对性时，在明知用户使用该服务会造成针对对象经济利益损失，仍然提供该视频广告过滤服务，无法解释其无主观恶意。因此，提供产品或服务是否具有针对性，需要根据个案具体的广告过滤方式做具体认定。

（2）是否存在诱导式宣传推广。由于用户天然利己心理驱使，诱导式宣传推广会使得用户对广告屏蔽软件的选择成为必然。在"猎豹浏览器案"中，猎豹官方论坛曾发布公告帖，对猎豹浏览器过滤优酷网视频广告功能进行图文宣传。在"乐视诉大摩案"中，大摩公司研发推出了涉诉软件"看视频不等待"的功能，为了引诱用户，大摩公司对该功能做了"可以跳过 30 秒、60 秒、90 秒的视频等待，杜绝一切干扰"的广告宣传，并通过免费下载、用户可添加规则源等手段利诱用户下载使用。[③]在"优酷诉硕文案"中，硕文公司对其"有效拦截优酷视频广告"功能进行了突出宣传，并以此作为吸引用户选择乐网而

① BGH: Akademiks Grur 2008，621 Tz.32，转引自：周樨平. 竞争法视野中互联网不当干扰行为的判断标准——兼评"非公益必要不干扰原则"，法学，2015，5：92.
② 广东省广州市黄埔区人民法院（2017）粤 0112 民初 737 号民事判决书。
③ 上海知识产权法院（2016）沪 73 民终 75 号民事判决书。

非其他软件下载使用的亮点。①在"世界之窗案"二审中，法院认为世界星辉公司显然是希望用户知晓其广告过滤功能，其不仅将"广告过滤"选项置于用户设置时必然会进入的第一级子目录中，同时"强力拦截页面广告"选项的"添加规则"按钮所对应的亦是官方论坛中的相关功能介绍。其行为虽然不是诱导式的宣传推广，但在主观上仍难逃故意的认定。所以，在该方面的认定上，不能只注意到软件提供者是否有故意宣传其广告过滤的功能，还应结合具体案件中的事实来进行判断，如浏览器页面布置等。

4.2.2 网络不正当竞争行为的主观要件构成

　　网络的市场竞争有其独特之处。传统竞争法关于竞争主体、客体、主观方面和客观方面的规定，在适用对网络的竞争行为的评判时会遇到不小的挑战和难题。2017 年《反不正当竞争法》虽然增加了"互联网专条"，但是对于网络众多的不正当竞争纠纷和侵权的行为仍有挂一漏万之嫌。法院往往更倾向于适用《反不正当竞争法》的一般条款来认定网络不正当竞争行为，这样也给《反不正当竞争法》一般条款的价值和作用，在不正当竞争行为与侵权行为的关系、竞争法与侵权法的关系上带来一定的误解。《反不正当竞争法》应当进一步区分网络不正当竞争行为的种类，能够被其他传统不正当竞争行为所容纳和接收的，应继续遵守这些传统不正当竞争行为的构成要件；属于网络所特有的不正当竞争行为，应当视情况确定其构成要件，不应笼统去适用《反不正当竞争法》的一般条款。

　　互联网市场是一个双边市场，甚至是一个多边市场。互联网企业主要是免费向客户提供服务，收入靠的是广告、流量。因此，互联网企业的竞争更多地体现在对用户的竞争。网络不正当竞争行为的很多新出现的问题都是有其独特性的，因此，在具体行为分析时，有必要对网络不正当竞争行为的框架、原则、制度等内容进行细化分析。本书选取与搜索服务提供商有关的案例，就法院的裁判理由进行分析，进而得出是否有必要审查网络不正当竞争行为的主观要件的结论。

1. 现行立法采用过错归责

　　2017 年《反不正当竞争法》对于不正当竞争行为的具体构成要件仍是模糊

---

① 北京知识产权法院（2014）京知民终字第 79 号民事判决书。

的法律规定，这样就导致不正当竞争行为实施者的主观过错是否是构成不正当竞争行为的必要条件一直争议不断。从 2017 年《反不正当竞争法》条文本身来分析，只要是被认定为《反不正当竞争法》规定的不正当竞争行为，行为人应当具有主观上的过错或者故意。例如，2017 年《反不正当竞争法》第 6 条所使用的"擅自""伪造"和"冒用"，第 8 条和第 9 条所使用的"明知"和"应知"，第 10 条所使用的"谎称"，第 11 条所使用的"捏造"，第 12 条所使用的"误导""欺骗""强迫""恶意"等，这些条文规定表明行为人在实施上述不正当竞争行为时是持"故意"或"过失"的心理态度。2017 年《反不正当竞争法》其他的法条虽然没有这样明确的规定，但在规定其行为特征时也明显包含了主观过错方面的内容。例如，2017 年《反不正当竞争法》第 6 条、第 7 条、第 8 条和第 10 条规定的具体不正当竞争行为，行为人在主观上的故意态度也是法条所包含的。[1]在具体司法实践中，各级人民法院也是按照该原则来进行具体认定的。例如"360 公司诉金山公司等不正当竞争纠纷案"，法院经审理认为，被告北京金山公司的行为证明其主观上并不存在恶意，没有违反诚信原则，不构成不正当竞争。[2]

2. 过错归责原则的变化

当然，善意和恶意通常要根据在后使用者开始使用时的情况以及在先使用者当时的知名度等具体情况进行判断。[3]将恶意与善意作为是否合法（合法性）的判断标准，体现了法律与道德在这些领域中的重合性。在有些法律领域，法律与道德是重合的，即道德的标准（规则）被赋予了法律意义，作为合法性判断标准或者考量性因素。而在另一些法律领域，法律与道德可能是分开的。在商业标识权利冲突领域，之所以引进是否具有恶意的道德标准，是制止不正当竞争所具有的维护商业道德的功能和价值的必然结论。"并非法律的所有方面都与道德、正义相关。法律与道德之间存在重叠，但并非每一个道德规则都是法律规范，也并非每一个法律规则都有道德规则与之对应。相对于道德，法律的范围更有限，因为它仅仅关切外在行为，而不过问思想、欲望或感觉，除非它们与行为相关。"[4]"当存在道德性内容时，在法律规则的道德特征中就会有

① 张天虹，刘荣. 论我国反不正当竞争法的归责原则. 生产力研究，2001，11.
② 北京市第一中级人民法院民事判决书（2014）一中民终字第 06798 号。
③ 吕国强. 知识产权案例精选. 上海：上海人民出版社，2006：206-207.
④ 马克·范·胡克. 法律的沟通之维. 孙国东译. 北京：法律出版社，2008：80.

一个强弱之别。一些规则有着强烈的道德内容，诸如许多刑事规则或合同法或消费者法中规定的'善意'原则等；其他的有较弱的道德内容，诸如社会保障法在某种程度上意味着对穷人或较不幸公民与富人或较幸运公民之间关系的团结；或者它们唯有在其他法律规则和法律原则的语境中才具有道德内涵。"[1]换言之，在不正当竞争法律领域，道德与法律往往具有重合性，商业道德是其基本的法律价值，是否符合商业道德，被作为认定是否构成不正当竞争行为的基本因素。

3. 过错原则对一般条款的适用有约束作用

2017年《反不正当竞争法》第2条在判断行为人的某项竞争行为是否具有"正当性"时，同1993年《反不正当竞争法》第2条的规定是一样的，也是以是否违反"诚实信用原则"和公认的"商业道德"为标准。在2017年以前，由于网络不正当竞争行为缺乏具体的明确条文规定，各级人民法院的很多判决都是援引这一条来进行法律适用的。[2]这种以模糊性、不确定性的司法原则来适用网络不正当竞争行为时，实际上给了法官极大的自由裁量权，也带来了司法审理过程中的随意性和任意性。为此，在"360公司诉腾讯公司的不正当竞争纠纷"案中[3]，法官为了极力避免法官的自由裁量权和审理中的随意性，采取以工业和信息化部颁布的《规范互联网信息服务市场秩序若干规定》第5条第4项、第5项[4]，《互联网终端软件服务行业自律公约》第18条[5]、第19条[6]

---

[1] 马克·范·胡克. 法律的沟通之维. 孙国东译. 北京：法律出版社，2008：80.

[2] 北京奇虎科技有限公司与北京百度网讯科技有限公司、百度在线网络技术（北京）有限公司商标权权属纠纷案，参见北京市第一中级人民法院民事判决书（2012）一中民初字第5718号。北京百度网讯科技有限公司诉北京奇虎科技有限公司等不正当竞争纠纷案,参见北京市东城区人民法院民事判决书（2013）东民初字第08310号。

[3] 广东省高级人民法院民事判决书(2011)粤高法民三初字第1号。

[4] 《规范互联网信息服务市场秩序若干规定》第5条：互联网信息服务提供者不得实施下列侵犯其他互联网信息服务提供者合法权益的行为：④欺骗、误导或者强迫用户使用或者不使用其他互联网信息服务提供者的服务和产品；⑤恶意修改或者欺骗、误导、强迫用户修改其他互联网信息服务提供者的服务或者产品参数。

[5] 《互联网终端软件服务行业自律公约》第18条：终端软件在安装、运行、升级、卸载等过程中，不应恶意干扰或者破坏其他合法终端软件的正常使用。

[6] 《互联网终端软件服务行业自律公约》第19条：除恶意广告外，不得针对特定信息服务提供商拦截、屏蔽其合法信息内容及页面。恶意广告包括频繁弹出的对用户造成干扰的广告类信息以及不提供关闭方式的漂浮广告、弹窗广告、视窗广告等。

规定为参照，将"诚实信用原则"和"商业道德"的内涵与具体不正当竞争行为的过错结合起来进行认定。

部分法院将主观过错引入对竞争行为的评价。对此，笔者持不同意见。首先，主观过错一般包含"故意"或者"过失"，而竞争行为本身就带有"损人利己"的特性，正当竞争者也常常是"故意"地"损人利己"，何以区分竞争行为的正当和不正当？其次，反不正当竞争法与侵权责任法还是有很大差异的，一个看重的是竞争自由和竞争秩序，一个看重的是权利不受侵害。如果将侵权责任法的模式完全套用到反不正当竞争法中，则会妨碍竞争自由。因此，在法院的认定模式过程中，确实存在一些亟须解决的问题：竞争关系和经营者损害本身不应当作为不正当竞争行为的前提条件，而不当利用他人产品或服务的知名度的行为本身则应当进一步细化和阐述。实践中大都是个案认定，每个法院都有自己不同的尺度和标准。那么对于互联网"搭便车"这一类竞争行为，如何合理并系统地把握其中的不正当要素呢？在司法实践中，对于违反诚实信用原则和公认的商业道德等问题，在众多的司法判例中归纳总结出了非法吸引消费者、非法妨碍同行业其他公司、窃取同行业其他公司的正当市场产品或服务、非法竞争以及危害市场的正常运行等类型化的行为。①针对互联网的兴起和网络服务提供商竞争过度的需求，2017年《反不正当竞争法》增加了"互联网专条"。②该"互联网专条"除了各项之间存在内容重合之外，还存在与其他不正当竞争行为的协调问题，一般条款在网络的不正当竞争纠纷中的适用仍将继续发挥强大而灵活的补足作用。③

---

① 刘维. 反不正当竞争法一般条款的适用边界（下）. 中华商标，2012，12.

② 《修订草案》第13条：经营者不得利用网络技术或者应用服务实施下列影响用户选择、干扰其他经营者正常经营的行为：①未经用户同意，通过技术手段阻止用户正常使用其他经营者的网络应用服务；②未经许可或者授权，在其他经营者提供的网络应用服务中插入链接，强制进行目标跳转；③误导、欺骗、强迫用户修改、关闭、卸载或者不能正常使用他人合法提供的网络应用服务；④未经许可或者授权，干扰或者破坏他人合法提供的网络应用服务的正常运行。

③ 《修订草案》第2条：经营者在经济活动中，应当遵循自愿、平等、公平、诚实信用的原则，遵守公认的商业道德。本法所称的不正当竞争，是指经营者违反本法规定，损害其他经营者或者消费者的合法权益，扰乱市场秩序的行为。

第 5 章

国外网络不正当竞争行为法律规制现状

5.1 美国关于网络不正当竞争行为的法律规制

美国在规制网络不正当竞争行为的过程中,具体有以下几个方面内容值得我们去借鉴。

5.1.1 市场秩序规制的基础法规较为健全

法律体系的建设是抵制网络不正当竞争行为的核心和根本,美国由于互联网发展得早,互联网产业发展较为繁荣,在互联网产业发展过程中积累了充分的经验,在大量的网络不正当竞争行为纠纷案件中,构建了以判例法为主、成文法为辅的网络不正当竞争行为的规制模式。美国是竞争评估的倡导者,也是该制度的起源。[①]美国特有的三权分立政治体制使得竞争评估政策对市场结构的调整具有巨大作用,并且分别通过自身主动权对各个州等地区的法律进行审核。[②]

在判例法形成的过程中,美国对不正当竞争和垄断行为进行了明确的规

---

① 孙晋,孙凯茜. 我国公平竞争审查主体制度探析. 湖北警官学院学报,2016,4.
② 王健. 权力共享制与权力独享制——我国反垄断执法机关权力配置模式及解决方案. 政法论坛,2013,3.

定。在制定法规方面，有《谢尔曼反托拉斯法》《克莱顿法》《联邦贸易委员会法》《罗宾逊—帕特曼法》等一系列法律规范。如 1890 年美国就制定了《谢尔曼反托拉斯法》[①]，之后又相继颁布《克莱顿法》《联邦贸易委员会法》和若干法律的修正案；1936 年《罗伯逊—帕特曼法案》是对《克莱顿法》第 2 条的修正，1938 年《惠勒—利法》修改了《联邦贸易委员会法》第 5 条。上述法律和修正案确立了美国的基本竞争原则。判例法和成文法的有效结合，可以更加全面地对网络不正当竞争行为进行法律分析和有效的法律规制，从而维护了网络的正当竞争秩序，降低了网络不正当竞争行为的发生概率。[②]

5.1.2　建立判例法为主、成文法为辅的法律规制

美国作为判例法的国家，其反不正当竞争的立法只是作出一般性的概括规定，司法实务中的大量案件则是"遵循先例"，以判例法为主。[①]不过，在"遵循先例"的同时，法院的法官们也富有创造性地提出解决纠纷的具体规则。

1. 禁令处罚和经济处罚并行

禁令处罚和经济处罚并行，以禁令处罚为主、经济处罚为辅的并行处理模式来规制网络不正当竞争行为，有利于网络公平竞争的市场环境的建立。这在司法实践和学者的论述中经常能够看到，其本身的含义却非常模糊。我国法律司法实践进行了适合我国国情的创新。法院在论证过程中，一般引用 2017 年《反不正当竞争法》第 6 条和第 8 条，而对于未被 2017 年《反不正当竞争法》第 6 条和第 8 条囊括的形态，则根据 2017 年《反不正当竞争法》第 2 条进行判断。其中有一类是属于"网络领域特有的、利用技术手段实施的不正当竞争行为"[③]，这类行为不同于传统经济领域中的行为，属于随着网络技术的发展出现的新情况，发生于网络，属于网络领域特有的、利用技术手段实施的竞争行为。法院的论证逻辑大致采用以下模式：经营者之间存在竞争关系，一方经

---

① 孙刚军. 我国互联网服务市场不正当竞争的法律规制研究. 硕士学位论文，西南政法大学，2012.

② 孔祥俊. 反不正当竞争法的司法创新和发展——为《反不正当竞争法》施行 20 周年而作（上）. 知识产权，2013，11.

③ 王瑞贺，杨红灿. 中华人民共和国反不正当竞争法释义. 北京：中国民主法制出版社，2017：60.

营者因该竞争行为受到利益损害，另一方经营者不当利用他人产品或服务的知名度并且主观上有过错。

2. 司法机关和行政机关并行

司法实践方面，美国在办理网络不正当竞争行为案件时，由司法机关进行裁决，将损害这两者的利益作为最后考量，就是认为相较于违背行业惯例和超过合理限度利用他人竞争利益而言，这一条在展现"不正当性"时是最弱的。首先，市场本身就是"优胜劣汰"的，经营者利益被损害是常事，不应当是认定"不正当性"的前提，只能作为一种结果进行考量。实践中对于"搭便车"本身的界定就存在很大的问题，通常情况下只要无正当理由使用他人的劳动成果就是"搭便车"。而这一判断标准"具有强烈的正向赋权效果"[①]，在宽泛的"搭便车"理论的适用之下，似乎其他经营者享有的利益就是一种绝对权，这是不可取的。损害利益决不能与损害权利相提并论，否则就完全违背了竞争法的立法目的。其次，在考量一个竞争行为是否有损消费者利益，可以参考其是否具有"欺骗性、误导性""结合软件产品提供者的主观意图、用户的心理预期、使用习惯、注意程度、认知状态、行为后果等因素综合考量。"[②]但消费者利益的行为一般可以通过消费者权益保护法进行保护，尤其是可以通过公益诉讼渠道解决，而反不正当竞争法则主要规制不正当竞争行为，消费者利益的损害是违背市场竞争秩序的结果。

5.2 欧盟规制网络不正当竞争行为法律制度的借鉴

5.2.1 欧盟网络不正当竞争行为的法律规制

欧盟在规制网络不正当竞争行为时，其法律法规体系主要包括成文法、判例法、实体法、程序法等。[③]欧盟最重要的规制网络不正当竞争行为的法律是

---

① 周樨平. 商业标识保护中"搭便车"理论的运用——从关键词不正当竞争案件切入. 法学，2017，5.

② 北京市高级人民法院（2017）京民终 5 号民事判决书。

③ 孙刚军. 我国互联网服务市场不正当竞争的法律规制研究. 硕士学位论文，西南政法大学，2012.

1995 年颁布的《数据保护指令》，成为欧盟成员国建立全面的数据保护系统的开端。但是，随着信息技术产业的革新，大数据时代的来临，《数据保护指令》难以应对欧盟不断出现的安全风险。

2018 年 5 月 25 日，欧盟《一般数据保护条例》的出台对新形势下个人信息保护作出典范性规范，从多个方面强化了对个人信息主体权利的保护，重塑了个人信息保护领域新秩序，对我国加强个人信息保护的网络不正当竞争行为立法工作有一定的借鉴意义。在对网络不正当竞争行为进行法律规制时，一般是以被告的不正当竞争行为的发生地的法院来进行司法管辖。非公约国在对网络不正当竞争行为进行法律规制时，一般是以原告国的法律为主，被告在原告所在国的互联网服务提供商或是域名注册机构也会作为共同的被告人。在进行法律管辖认定的过程中，网络不正当竞争行为如何进行法律适用问题，也成为欧盟各成员国重点考虑的问题之一。[①]在处理网络不正当竞争行为时，欧盟法律考虑到了网络服务提供商的权利和义务，在追究网络服务提供商的责任时，还需要具体分清楚互联网服务提供商是否存在过错，明知他人提供的材料违法，也未对其违法行为进行阻止，应该承担相应连带的侵权责任。当某一劳动成果不属于法定权利时，对于未经许可使用或利用他人劳动成果的行为，不能理所当然地认定为"搭便车"。在网络，利用他人的经营利益或竞争优势本身是非常普遍的。例如搜索引擎的经营者普遍使用垂直搜索技术，而这必将会导致抓取他人网页信息的结果，但是其已经成为一种行业惯例。又如"赶集网"诉"百姓网"案中，抓取对方网页中的用户邮箱予以利用，显然是一种非常轻微的利用他人经营利益的行为，不足以认定为超过合理限度。相反，倘若超过了一定的限度，则会直接危及竞争秩序。衡量这个限度，则需要考虑到多方面情况，如鼓励商业投入、产业创新和诚实经营，是否损害健康的竞争机制等。

政府主管部门作为监管的主要机构，通过政府职能作用的充分发挥，可以有效打击网络不正当竞争行为。因此，欧盟对网络不正当竞争行为采取的是双重监督、监管的模式，即由行业自律组织与政府监督、监管部门互相有效配合，[②]不同于互联网但又与互联网的发展息息相关。其一，大数据时代的数据量比网络时代的数据量大得多；其二，近年全球的增长数据是以图片、视频为主的非结

---

① 孙刚军. 我国互联网服务市场不正当竞争的法律规制研究. 硕士学位论文，西南政法大学，2012.

② 孔祥俊. 反不正当竞争法的司法创新和发展——为《反不正当竞争法》施行 20 周年而作（上）. 知识产权，2013，11.

构性数据，更多关注其可用性。大数据时代与网络时代的本质差异就在于其所代表的数据处理能力和处理方式的不同，而非数据收集能力的高低。①欧盟自1995 年的个人信息保护框架建立以来，互联网基础设施升级和技术进步给个人信息保护带来新的挑战，大量隐私数据在个人使用过程中暴露在了互联网中，由于个人对隐私风险的评估不足，使得自己的个人信息更易被获取。事实上，个人信息权利很难得以实现：个人很难获取自己的数据、很难通过控制者实现对数据的删除、很难从某个应用程序或服务中回收个人信息、很难获取权利救济。因此，欧洲公民对于数字经济的信任逐渐降低，欧盟亟须通过数据保护改革，调整现行个人信息保护框架，重建欧洲公民对数字经济的信任，以便更好地应对大数据时代的新技术快速发展和全球化带来的挑战。

为迎接数字革命为欧洲带来的机遇，建立数字单一市场，参与全球数据市场竞争，2015 年，欧盟提出了建立“数字单一市场”的详细规划，推动欧盟自身大数据产业的健康发展，参与全球数据市场竞争，提高欧盟在与美国和中国等数据大国博弈中的竞争力和话语权。②长期以来，由于《数据保护指令》并不属于“条例”，不具有强制性，不能直接适用于成员国，各成员国实施不同的具体方式和执法过程，使得个人数据在不同的成员国产生不同的立法标准，享有不同的保护水平，加大了企业的合规成本，不利于欧盟公民的个人数据保护，也不利于欧盟数字单一市场的形成。③在此背景下，《一般数据保护条例》于 2016 年 4 月应运而生，设立全新的个人信息保护规定，在欧盟内形成一致的个人数据保护标准，推进欧盟数字单一市场的建立，通过互操作性和标准化提高竞争力，以促进欧洲数字经济增长潜力的最大化。从《数据保护指令》过渡到《一般数据保护条例》，体现了既保护公民的个人信息决定权又促进个人信息自由流动的双重价值，这种双重价值诉求，充分体现在了《数据保护指令》与《一般数据保护条例》之中。④从而为建设现代化的个人数据治理规范机制、

---

① 王举. 大数据时代个人信息保护法律框架设计——欧盟《一般数据保护条例》的立法启示. 硕士学位论文，西南政法大学，2017.

② 王达，伍旭川. 欧盟《一般数据保护条例》的主要内容及对我国的启示. 金融与经济，2018，4：78.

③ 何治乐，黄道丽. 欧盟《一般数据保护条例》的出台背景及影响. 信息安全与通信保密，2014，10：73.

④ 周汉华. 探索激励相容的个人数据治理之道——中国个人信息保护法的立法方向. 法学研究，2018，2：9.

确保欧盟公民对于个人数据享有充分的控制权，通过协调、简化现行的"数字单一市场"体系打下了坚实的基础。同时，欧盟《网络与信息系统安全指令》与《一般数据保护条例》构成一个完整的信息保护配套机制，借以从网络安全和基本权利两个层面实现欧盟个人信息保护的多方位灵活治理。①

相比较《数据保护指令》采用属地主义的适用范围，《一般数据保护条例》扩大了其适用范围，除了适用于境内的数据控制者之外，也适用于境外所有处理欧盟公民个人数据的主体，因此采用属人主义。无论在何地进行数据控制与处理，只要是对欧盟境内进行监测或为欧盟公民提供商品或服务，甚至是依据国际公法可适用欧盟成员国法律的，都要受到《一般数据保护条例》的管制，一旦违反就要承担高昂的罚款。《一般数据保护条例》由此在全球引起了极大关注，但同时也使得"设立域外适用条款"成为国际社会的主流做法。②

相比较《数据保护指令》采用属地主义的适用范围，《一般数据保护条例》明确了数据处理原则：①合法性原则，即以合理合法、公平公正、公开透明的方式处理公民个人的信息；②限制目的原则，即收集个人信息之前应制定具体明确的目的，若该目的满足公共利益或科学研究的要求，不算在超出最初目的的范围，以此限制信息收集；③最小化原则，即个人数据的处理应当是为了实现数据处理的目的而充分的、相关的和必要的；④准确性原则，即保证个人数据维持准确性，如出现误差必须及时采取措施进行纠正，恢复数据准确度；⑤储存限制原则，即对个人信息在储存时间上进行限制，以实现个人信息处理的目的为时间维度，超出该时间维度即不得再储存，除符合公共利益、科学研究目的之外；⑥问责原则，即数据控制者和处理者应该负责，并能够证明对数据的处理具有合法性、公平性和透明性。③数据处理基本原则的丰富和完善，为《一般数据保护条例》基本规范提供了本源性依据，在弥补《一般数据保护条例》基本规范的漏洞的同时，界定了《一般数据保护条例》发展的框架和方向，高度概括出了《一般数据保护条例》的价值和精神实质，体现了《一般数据保护条例》的价值取向和目标。

相比较《数据保护指令》采用属地主义的适用范围，《一般数据保护条例》

---

① 吴沈括. 欧盟《一般数据保护条例》（GDPR）与中国应对. 信息安全与通信保密，2018，6：14.
② 欧盟《一般数据保护条例》第 3 条第 1、2、3 款。
③ 欧盟《一般数据保护条例》第 5 条。

强化了数据主体权利。《一般数据保护条例》致力于通过完善和细化个人信息权利，从而真正实现个人对其信息的控制权。在《一般数据保护条例》的体系下，充分赋予了公民知情权、更正权、限制自动化决策等诸多权利。一方面，《一般数据保护条例》拓展并完善了知情权和同意权的相关规定。数据处理者必须以简单明了的方式实现控制权能，实现信息主体的"主体性"地位，在信息主体同意收集利用后才可继续开展工作。[①]另一方面，引入新型权利——被遗忘权和数据可携带权。被遗忘权赋予了信息主体取消数据控制者使用权限的权利，要求其及时删除互联网媒体上有关该主体的无用性或不良性个人信息的内容，防止信息在网络上进一步扩散与传播，造成更严重的后果。如果他人已掌握该信息内容，数据控制者应及时通知其删除，从而在客观上达到让大众遗忘该个人信息的目的，使信息主体的个人信息得到应有的尊重。[②]数据可携带权是指信息主体有权访问并获得基于本人同意提供给数据控制者的相关个人信息，也可以将该信息提供给另一个数据控制者，一定程度上减少市场垄断现象，因此，某种程度上可以认为数据可携带权是数据访问权的延伸与拓展，从而进一步保障信息主体的控制权能。[③]为充分保障数据主体的权利，《一般数据保护条例》同时强化数据控制者和处理者的问责机制，《一般数据保护条例》要求控制者和处理者在内部建立完善的问责机制，控制者应当承担"通过设计和默认的数据保护"的责任[④]；控制者必须保证数据记载活动的全面性，所有控制者以及适用控制者的代理人，应当依其职责保持处理活动的记录，认真记载数据，已经或将要被公开的收件人的类别、技术和组织安全措施的一般性描述等内容[⑤]；明确信息泄露应在知晓时起 72 小时以内通知监管机构[⑥]；创新性地要求设立数据保护官，控制者和处理者应当委任数据保护官，公示数据保护官的联系方式等必要信息并向监管机构报备[⑦]，及时整改企业数据管理中可能存在的问题，引导企业开展自我管理与自我监督。

为促进个人数据保护规则的落实，《一般数据保护条例》建立了完善的个

---

① 欧盟《一般数据保护条例》第 12 条第 1 款。

② 欧盟《一般数据保护条例》第 17 条。

③ 欧盟《一般数据保护条例》第 20 条。

④ 欧盟《一般数据保护条例》第 25 条。

⑤ 欧盟《一般数据保护条例》第 30 条。

⑥ 欧盟《一般数据保护条例》第 33 条。

⑦ 欧盟《一般数据保护条例》第 37 条。

人数据保护监管机制。其中在公权力监管机构方面，为了使本条例得到实际落实，规定了每个成员国至少应当建立一个独立监管机构进行监督，从而更好地促进欧盟内部个人数据的自由流通。①每个监管机构在行使其任务和行使符合本条例的权力时，应当保持完全的独立性。②欧盟成员国基本都设立了本国的个人数据保护监管机构，如法国的国家数据保护委员会、芬兰的数据保护办公室等。③此外，监管机构具有调查权、矫正权、建议权、司法参与权等诸多权力，为其执法提供法律依据，在此基础上，对欧盟数据委员会的设立、目标和责任等进行了规定。

在《一般数据保护条例》框架下，欧盟和成员国数据保护机构除可行使警告、申诫、责令整改或中止数据传输等处罚权力外，还赋予了信息主体要求其承担民事赔偿责任的损害赔偿请求权，此外，还可以针对违规行为处以高额行政罚款，加大违法处罚力度。根据数据控制者或处理者违反的规则不同，《一般数据保护条例》设定了两档罚则：第一档是对未能实施充分的保障措施等一般性违规行为，处以 1 000 万欧元或上一年度全球营业额 2% 的罚款（二者取其高）；第二档是对侵害信息主体的合法权利等违反基本性、原则性规定的行为，处以 2 000 万欧元或者上一年度全球营业额 4% 的罚款（二者取其高）。例如，微软公司 2017 年全球营业收入为 899.5 亿美元，如果微软严重违规（符合第二档处罚规定），欧盟有权依据《一般数据保护条例》对其处以 35.98 亿美元罚款（远超过 2 000 万欧元）。

5.2.2 德国网络不正当竞争行为的法律规制

德国在 1909 年制定了世界上第一部《反不正当竞争法》，直到 2004 年该法为与欧盟相关法律接轨才进行相应的修订。

德国《反不正当竞争法》对网络不正当竞争行为的法律规制采用的是 "一般条款" 和 "列举具体" 不正当竞争行为并行的方式。④网络的不正当竞争行为和传统的不正当竞争行为从本质上讲是一致的，因此，在没有具体的网络不

---

① 欧盟《一般数据保护条例》第 51 条。

② 欧盟《一般数据保护条例》第 52 条。

③ 胡文华，孔华锋. 欧盟《通用数据保护条例》之中国效应及应对. 计算机应用与软件，2018，11：311.

④ 武晓颖. 中德市场监管比较研究. 硕士学位论文，首都经济贸易大学，2011.

正当竞争行为列举时，可以引用这种《反不正当竞争法》"一般条款"对该类行为进行法律适用，这样体现《反不正当竞争法》"一般条款"较强的概括性和适应性。《反不正当竞争法》对于德国网络不正当竞争行为进行了初期的规范和引导。①在我国司法实践中，对于网络不正当竞争行为的认定都是依据2017年《反不正当竞争法》第2条的一般条款。正如孔祥俊教授对于一般条款适用的论述，"它虽然建立在抽象的如'诚实原则''商业道德'的本质特性基础上，但它必须具有法律的特性——客观标准性，以'在力所能及的范围内增加反不正当竞争法操作性'"。②对于互联网"搭便车"不正当竞争行为的认定应当采取一种可操作性的模式，将不正当的因素提取出来，在实践中能够更好地运用。所谓竞争行为，更应当考察"行为"本身，而认定该行为是否不当的一个总体要求就是该行为扰乱了互联网竞争秩序。首先考察该行为在互联网行业是不是一种公认的做法，如果是，就不存在违背商业道德，相反，才有可能认定为不正当。因而，当一种行为被行业广泛接受，那么该种行为就是适应自由竞争氛围的。

因此，结合司法审判中的案例分析，互联网"搭便车"行为是否属于不正当竞争的标准，是围绕是否扰乱互联网竞争秩序，结合该行为在互联网行业是否具有普遍性，是否超过合理限度地利用他人的经营利益或竞争优势以及是否损害其他经营者利益或是消费者利益来做综合的衡量和判断。从2017年《反不正当竞争法》的"互联网条款"来看，其本身的适用可能还存在问题，完全套用的结果可能就是危及互联网竞争自由。在适用法条的同时，结合以上的"不正当要素"可以在不正当竞争行为的认定上更为周密、严谨。③

5.3 国外网络不正当竞争行为法律规制的启示

5.3.1 完善《反不正当竞争法》一般条款的法律适用

为了应对快速变化的商业界与市场出现的新的和不可预见的情况，一般条

① 孙刚军. 我国互联网服务市场不正当竞争的法律规制研究. 硕士学位论文，西南政法大学，2012.
② 孔祥俊. 反不正当竞争法新论. 北京：人民法院出版社，2001：126.
③ 荀红，梁奇烽. 论规制网络侵权的另一种途径——间接网络实名制. 新闻传播，2010, 11.

款的设置是很有必要的，并且有利于探索我国《反不正当竞争法》一般条款司法适用的模式，从而更好地发挥一般条款法律适用在处理网络不正当竞争行为纠纷的作用。

1. 《反不正当竞争法》一般条款的客观化、类型化

要减少因适用一般条款造成的不确定性问题，关键在于实现一般条款适用的客观化，即将商业道德客观化。笔者认为，通过建立网络直播行业的商业模式可以实现该行业商业道德的客观化，即只要行为违反了所确立的商业模式，就违反了该行业的商业道德。但值得注意的是，所确立的网络直播的商业模式要符合网络直播行业的发展及消费者的客观需求，以及不能损害其他网络直播经营者的利益，不能损害有序的网络直播市场环境和公平的网络直播市场竞争规则。在适用已经确立的商业模式认定网络直播不正当行为的性质时，要考察新出现的网络直播的形式是否是技术突破。应合理区分商业模式与技术突破，并注意要对两者进行动态调整，适时推进新的商业模式。

2. 《反不正当竞争法》一般条款的具体适用

对竞争行为不正当性的认定，往往需要综合考虑经营者、消费者和社会公众等不同利益群体的利益，并在其中寻求平衡。①我们仅仅依靠商业道德来判断还是不全面的，还需要通过消费者或者社会公众的标准来进行必要的补充。因此，对于网络直播中出现的各种不正当竞争行为应尽可能通过具体条款来规制。

加大对违反具体条款行为的调查力度。虽然对网络直播中出现的利用"网络水军"损害他人商誉、利用技术手段实施的新型不正当竞争行为的查证比较困难，但这类行为往往对竞争对手造成的危害大、范围广。因此应加大对此类不正当竞争行为的调查力度，具体来说，市场监督管理部门应加大对"网络水军"、新型技术侵权的调查力度。

5.3.2 加强网络不正当竞争行为的法律规制体系的构建

1. 行政与司法联动，构建立体维权体系

对于网络不正当竞争行为，应行政手段和司法手段并用，共同打击侵犯经

---

① 孔祥俊. 反不正当竞争法的司法创新和发展——为《反不正当竞争法》施行 20 周年而作（上）. 知识产权，2013，11.

营者合法竞争利益的行为。在行政手段方面，很多企业为了维护自身的企业利益，通过向工信部、国家版权局等国家行政机构进行行政投诉等手段打击竞争者的不正当竞争行为。在司法领域，网络的《反不正当竞争法》民事审判规则的明确及一般条款的灵活运用，为处理网络不正当竞争行为提供了司法依据。同时，司法界也开始不断尝试，将网络不正当竞争行为纳入刑事打击范围，加强打击力度，这在一定程度上说明《中华人民共和国刑法》(以下简称《刑法》)开始越来越多地介入市场竞争领域的问题。《刑法》有规制网络的不正当竞争行为的必要与可能，未来《刑法》调整网络不正当竞争行为的空间有望进一步扩大。

2. 维护有序竞争秩序，加强对消费者权益的保护

良好的互联网竞争秩序的构建，不仅可以保护经营者的合法经营利益，从长远看，更是对消费者权益的维护。市场经济的最终目标是增加社会整体福利，而社会整体福利最终是体现在增加广大消费者福利的基础上的。经营者的合法利益与消费者的合法权益是一种相互促进的关系，良好的市场竞争机制给经营者利益和消费者权益的实现提供了良好的条件，反之，经营者权利和消费者权益的实现又会促进其对市场秩序的自觉维护，从而促进市场的良性健康发展。司法实践对网络不正当竞争行为的规范，一方面，体现了对良好竞争秩序的维护，另一方面，也是从《反不正当竞争法》的角度来间接维护消费者的合法权益。可以预见，在未来的网络，新型的不正当竞争行为将会不断涌现，保护消费者在网络的自主选择权和知情权，使其免受如预装软件等不正当竞争行为的烦扰，在规范经营者合法的竞争行为的同时，也会为消费者权益的保护进一步保驾护航。

（1）消费者利益。在《反不正当竞争法》明确保护消费者利益的立法目的下，网络经营主体经常以"消费者利益"作为抗辩事由，以期法院从利益平衡的角度认定其行为的正当性。不可否认，广告过滤软件能够提升用户的观影体验，满足用户免受被广告打扰的需求。但是，在进行利益衡量时，必须明确《反不正当竞争法》所保护的消费者权益，并非单个消费者的利益，也不是部分消费者的利益，而是全体消费者共同、长期、稳定的利益。[①]站在视频网站的角

---

① 冯晓青，陈东辉. 浏览器屏蔽视频网站广告行为性质研究——关于深圳市某计算机系统有限公司诉北京某科技有限责任公司不正当竞争纠纷案的思考. 河北法学，2018，5：42.

度,当其广告收益因过滤软件而损失,其或将改变现有商业模式转为"会员制",或因资金不足放弃购置优质影视作品,不论哪一种做法都将有损消费者利益。二审法院引用的经济学报告也证实,放开广告过滤行为确实会降低社会总福利。不过在比较法视野下,我国法院与德国法院在审判结果上大相径庭。AdBlock 和 AdBlock Plus 是德国知名的广告屏蔽软件,其开发公司因该款软件被多次诉至法庭,德国两个地区的高级法院均判定该软件不构成侵权。①德国 AdBlock 软件除了设有黑名单外,还设有白名单,且其针对对象不仅是视频前广告,还包含其他广告,故德国的判法对我国来说是否具有参酌价值还有待商榷。不过,有学者通过分析该案件提出,法院不应以保护长远利益为由否认具体的正当利益诉求。②

(2)消费者自由选择权。消费者自由选择权作为消费者利益的一种表现,也经常伴随在被告提出"技术中立"抗辩之后。根据我国司法实践,法院普遍认为,消费者能自由选择是否使用广告过滤软件并不意味其技术具备中立性,仍需要探究技术背后的主观目的及行为后果。另外,虽然消费者的自主选择不受妨碍是消费者利益保护的重要内容,但这并不意味着维护消费者权益就可以损害其他经营者的利益。应明确,当前法院适用《反不正当竞争法》第 2 条解决视频广告纠纷,系属法律没有明文规定下的"不得已而为之"。可以看到,对于此类行为的定性分析仍存在较大争议,虽然法院的裁判结果呈现一边倒的局面,但值得商榷的地方还有很多。"一刀切"地将视频广告过滤行为认定为一种主动采取措施直接干涉、插手他人经营的行为,并以此认定该行为侵权并不妥当。《反不正当竞争法》第 2 条在该类案件的适用上显然缺乏指导价值,特别地,为了证明该行为的不正当性,北京知识产权法院甚至还援引经济学分析报告作为评判依据。在 2017 年《反不正当竞争法》新修订后,能否借助"互联网专条"对该行为进行规制,而不再扩张适用一般条款?在"互联网专条"下对该行为又应当如何评价?是否有简单且易于操作的法律评价方法?

3. 新设具体条款规制网络不正当竞争行为

具体条款明确列举了各种不正当竞争行为,适用具体条款的规制具有更多

---

① Landgericht Hamburg [LG] [Hamburg Court of First Instance], Case. No. 416 HKO 159/14, p.5 (April 21, 2015); BGH,Urteil v. 24.06.2004, Az I ZR 26/02; OberlandesgerichtMunchen [OLG] [Munich Court of First Instance], (August 17, 2017)。

② 张飞虎. 《德国反不正当竞争法》视角下广告屏蔽软件的合法性问题. 电子知识产权, 2018,7: 56.

的客观性及确定性,能够防止自由裁量权的任意扩大。因此,对于网络直播中出现的各种不正当竞争行为应尽可能通过具体条款来规制,具体而言:①新设具体条款,规制本应由一般条款规制的不正当竞争行为,如新设具体条款对盗播、未经授权的擅自直播这类违反商业道德的行为进行规制,这样也能减少因适用一般条款带来的不确定性问题。②新增具体条款,规制现有具体条款没有规制的新型不正当竞争行为,如对于点击量、在线观看人数数据的新型虚假宣传行为,可以新设具体条款对这种行为予以规制。

4. 明确反不正当竞争法与知识产权法律体系的界限

《反不正当竞争法》与知识产权法两者追求的价值不同、属性不一,从两者关系来看,前者是作为一种有限的补充手段来对后者的空白部分或遗漏部分进行兜底保护。因此,在规制网络直播中的不正当竞争行为时,应当明确两者的适用界限。具体来说,第一,对于影响网络直播市场秩序的违法行为,应由《反不正当竞争法》予以规制,因为稳定市场秩序是该法的主要功能之一;第二,《反不正当竞争法》的一般条款是一种兜底条款,频繁适用不利于司法的稳定。因此,对于既可以适用一般条款规制,又可以适用知识产权法规制的违法行为,应优先选择知识产权法。

要减少网络不正当竞争行为的乱象,关键在于《反不正当竞争法》对互联网平台经营者的规制。但 2017 年《反不正当竞争法》仍存在着适用一般条款规制具有不确定性、适用具体条款规制具有难度以及与知识产权法的规制界限不明的问题。因此,应通过确立互联网的商业模式实现一般条款适用的客观化,建立具体条款的适用制度以及明确与知识产权法律体系的界限。

第6章

网络不正当竞争行为的
相关立法建议

6.1 网络不正当竞争行为司法
实践中存在的主要问题

6.1.1 《反不正当竞争法》在法律适用中存在的问题

1. 一般条款的法律适用具有不确定性

2017年《反不正当竞争法》的"一般条款"仍属于原则性条款,从该条款的内容来看,适用该条款规制网络直播中的不正当竞争行为会带来不确定性问题。首先,"商业道德"一词本身就具有极大的不确定性,导致司法人员在界定"公认的商业道德"时具有很强的主观性。除非相关的规章、协议明确规定了网络直播行业公认的商业道德的内容及形式,否则,个案中裁判者对商业道德的认定绝大部分取决于其道德、修养、理解能力,具有很大的自由裁量权。司法的效力也就具有了不确定性。其次,商业道德和竞争规则随着时代的发展而变化,新行业的产生、技术的进步都可能推动商业道德、竞争规则的变化。这些因素都给适用一般条款的规制带来了不确定性问题。

2. 具体条款的法律适用具有一定难度

网络不正当竞争行为，在实践中往往因为难以认定或者难以查证，而给适用具体条款的规制带来了一定的难度。

第一，网络直播中的虚假宣传行为往往因为难以认定而难以适用具体条款的规制。例如，网络不正当竞争的新型虚假宣传方式可能并不属于具体条款规定的对商品的性能、功能、质量、用户评价等虚假宣传方式中的任何一种，如对于点击量、在线观看人数数据的虚假宣传。如果严格依据法律的规定则不能认定为虚假宣传。而在实践中，对点击量、在线观看人数数据的虚假宣传是网络直播平台常用的虚假宣传方式，并且具有一定的宣传效果。但能否适用具体条款规制这种行为仍存在一些争议。

第二，网络不正当竞争中损害他人商誉的行为往往因为难以查证而难以适用具体条款的规制。例如，在网络直播中常见的损害他人商誉的行为方式是通过雇用"网络水军"发布弹幕诋毁竞争对手，但由于"网络水军"的攻击来源难以查证，因此，在实务中，这些因素的限制给适用具体条款规制该行为带来了困难。

第三，网络不正当竞争中利用技术手段实施的不正当竞争行为，往往因为难以查明该行为造成的财产损害数额而难以适用具体条款的规制。利用技术手段设置流氓软件和实施软件捆绑的行为，往往不会给消费者带来一定的财产损失，而且消费者取证也比较困难，所以，没有财产损失的消费者大都选择放弃维权，也难以收集证据向市场监督管理部门举报。因此，具体条款对这类行为的规制同样具有一定的难度。

3. 与知识产权法界限不明

国外的学者对此也作出了一些区分和论述。诸如："只要利用他人的成果达到不公平的程度，反不正当竞争法就给予救济。这意味着仅仅是利用他人的成果，根据《反不正当竞争法》的规定并无任何问题。相反，享用和基于他人的成果是文化和经济发展的基石。模仿自由的原理集中体现了自由市场制度的原则。但是，为保护市场上的合法利益，以商标专利、外观设计和版权的特别保护方式设计的立法框架，为市场提供了规范。基于专门法，这种制度框架形成了使其所有人不受竞争的垄断（权）的唯一方式。而且，反不正当竞争法基于另外的因素，在这种制度框架之外给予保护。这些因素主要是为了管制市场行为，而不是保护市场利益。这使得专门法保护以外的成果可能根据这些另外的因素而受保护。如此一来，就可能根据反不正当竞争的这些外部的因素，保护那些通常是在先取得的成果。但是，自由和不受限制的竞争是占主导地位的，除非属于专门法特别规定的成果，否则就是先来先得。成果将保持在先取得，除非适用反不正当竞争的另外的因素。"[1]例如，在某仪表厂诉某机电公司不正当竞争案中，一、二审判决的不同，典型地反映了对于自由竞争与公平竞争认识和取向的分歧。[2]

《反不正当竞争法》制止不正当竞争的结果，有时又体现为对于商业成果或者科技成果的保护，也即其表现形式或者效果更体现为专有权或者类似于专有权的保护。例如，《反不正当竞争法》第 5 条第 2 项、第 10 条和第 14 条都相当于将知名商品特有名称、包装和装潢以及商业秘密、商业信誉作为受保护的权利，至少赋予了类似权利的利益（准权利）。当然，这些规定仍然可以理解为通过制止不正当行为的方式，给有关法律主体带来了法律上的特定利益。不过，在这种情况下，这种区分的实际意义不是太大。在这种情况下，将保护商业成果或者技术成果与制止不正当竞争行为区别开来，却具有直接的法律界限意义，直接影响是否构成不正当竞争行为的认定。换言之，市场竞争既要遵循自由原则，又要遵循公平原则。公平原则是对于自由竞争的一种限制。为维护公平或者市场道德而制止不正当竞争行为，尽管可能具有在特定条件下保护特定的商业成果或者技术成果的反射效果（效应），但仍然是立足于维护竞争秩序的，保护特定成果不一定是其初衷和本意。

《反不正当竞争法》从两个角度保护知识产权，即制止不公平的竞争行为和保护商业(或者技术)成果。这两个方面又是相互联系的。对于那些一贯公认的不公平竞争行为，则是通过灵活的一般标准或者一般原则予以认定。那些一贯公认的不公平竞争行为以及商业秘密的保护，都属于这种情形。正是这种保护类似于或者相当于特定知识产权的保护，习惯上仍然将这些商业成果或者技术成果作为知识产权的具体类型对待，有关司法解释甚至将其纳入权利的范围。对于那些没有明文规定的不正当竞争行为，主要是基于原则规定予以制止的。原则规定是抽象的和一般性的，具有很大的弹性，主要是立足于制止确属不公平的竞争行为。例如，《反不正当竞争法》对商业秘密的保护与《中华人

---

① And Creatiuity, Claredonpress, Oxford, 1997. p.8
② 北京市高级人民法院知识产权审判庭. 知识产权审判案例要览. 北京：法律出版社，1997：400-407.

民共和国专利法》(以下简称《专利法》) 对专利的保护有互补作用。诸如，发明者在其发明达到符合申请专利的条件而不愿意申请发明专利时，可以通过自己保密的方式，按照《反不正当竞争法》有关商业秘密的保护规定进行保护；一些高于公知技术的技术信息，如果达不到发明专利的要求，可以按照商业秘密进行保护。《反不正当竞争法》在保护商标上对《中华人民共和国商标法》(以下简称《商标法》) 有补充作用。知名商品特有的包装装潢，既可能受《著作权法》规定的著作权保护，又可以受《反不正当竞争法》的保护。例如，在注册商标的保护上，《商标法》的保护性规定系特别规定，应当优先于《反不正当竞争法》的适用。同时，学界一般认为，作品的标题不受《著作权法》保护，因为标题不是独立的作品，只是作品的一部分；并非所有作品标题都受法律保护，只有具有原创性的作品标题才可能受法律保护，而《反不正当竞争法》更适合这种选择性保护。

《著作权法》《商标法》《专利法》等知识产权法管不到的领域，都由《反不正当竞争法》来补充和兜底，甚至说《反不正当竞争法》是其他知识产权法的"口袋"法。这是说，凡是知识产权专门法调整不到的领域，都是《反不正当竞争法》的调整范围。于是，又演绎出《反不正当竞争法》是知识产权法的兜底法的流行说法，即在知识产权法律体系中，《反不正当竞争法》起着兜底的作用。这种说法对于知识产权司法实践产生了深刻影响。但是，倘若如此界定两者的关系，必然使之简单化，两者的关系绝非如此简单，而是相当复杂。理顺两者的关系，可以恰当地为两者的法律调整进行定位，并确保相关法律适用的准确性。其实《反不正当竞争法》不是所谓的把所有事项都给"兜"起来的兜底。这说明，《反不正当竞争法》的补充性保护具有以下特点。①以灵活的方式发挥补充作用。我国《反不正当竞争法》的补充性保护同样具有灵活的方式，例如，本书商业外观部分会涉及，我国《反不正当竞争法》可以以《商标法》所不具有的灵活性保护整体性的商业外观。②它通常是在知识产权专门法以外提供的单独的保护，即通常情况下，不与专门法的规定竞合，凡由专门法调整的事项，均优先适用专门法的规定。我国《商标法》第 13 条第 1 款、第 15 条和第 31 条属于保护未注册商标的规定，但这些规定都属于商标授权程序中对于未注册商标的保护，而《反不正当竞争法》第 5 条第 2 项则是对于未注册商标作出类似于侵犯注册商标专用权的保护，因而与《商标法》保护未注册商标的角度是不同的。③《反不正当竞争法》的保护不能抵触知识产权专门法的立法政策。当然，倘若不是立足于保护技术成果，而是立足于制止不正当行为，则另当别论。④《反不正当竞争法》的一般条款是补充规定中的兜底性规定。《反不正当竞争法》发挥补充作用，如我国《反不正当竞争法》第 5 条、第 9 条、第 10 条和第 14 条的规定，以一般条款的方式进行补充性保护。实践中，要妥善处理一般条款与具体规定的关系。从本来的或者固有的法律属性看，如一些非本来意义上的市场主体（如企业职工、事业单位）针对市场主体实施的损害竞争的行为同样构成不正当竞争，就是因为它介入和危害了市场竞争，破坏了市场竞争的环境，《反不正当竞争法》也需要规范它。

　　《反不正当竞争法》仍然是以保护商业成果为目的，充其量我们可以说它是以制止不正当竞争行为的方式保护商业成果。正是在这种意义上，《反不正当竞争法》成为知识产权法律体系的重要组成部分之一。例如，仿冒行为侵犯了他人商业标识，商业秘密涉及他人的未披露信息（技术信息和经营信息），虚假宣传和商业诋毁涉及不正当谋取竞争优势或者破坏他人竞争优势（竞争优势也是商业成果）。即便《反不正当竞争法》是通过制止不正当竞争行为的方式保护商业成果，但最终落脚到对商业成果的保护上。《巴黎公约》也是从保护知识产权的角度将制止不正当竞争行为纳入知识产权保护范围的。《巴黎公约》第 1 条将不正当竞争纳入工业产权保护范围的原因是，"在许多情况下，侵犯工业财产权利，例如，取得商标或厂商名称的权利，或滥用货源标记或原产地名称，同时也是不正当竞争行为"。①不过，TRIPS 协议（《与贸易有关的知识产权协议》）在其规定的知识产权类型中未将制止不正当竞争作为一类，只是对于商业秘密和地理标识的保护作出了具体规定。这种做法是出于理论上的而不是政治上的考虑。因为，对于 TRIPS 协议的制定起决定作用的美国，只是在州的层次上调整反不正当竞争的关系，美国联邦法对反不正当竞争关系的规制在立法层面存在明显不足。不正当竞争的概念也是自 20 世纪 30 年代以后由德国法律学者引进的。②

　　知识产权的保护涉及公有领域与知识成果垄断权之间的平衡。在知识产权与公有领域的关系上，普遍奉行的是知识产权为"例外"，公有领域为原则。③

---

　　① 波登浩森. 保护工业产权巴黎公约指南. 汤宗舜，段瑞林译. 北京：中国人民大学出版社，2003：12.

　　② Christopher Heath. The System of Unfair Competition Prevention In Japan. Kluwer Law International, 2001：49.

　　③ Thomas McCarthy, McCarthy on Trademarks and Unfair Competition, s 1. 2, 4 ed, 2002. 转引自贾尼丝·M. 米勒. 专利法概论（影印版）. 北京：中信出版社，2003：8.

为避免知识产权的范围过于宽泛，而为公有领域留下空间，必须通过法定主义的方式界定知识产权的种类和范围，使知识产权与公有领域之间具有清晰的边界。近年来的司法实践表明，我国《反不正当竞争法》在保护新的商业成果中也发挥了重要作用。如域名作为新生事物出现以后，因注册、使用域名等行为引发了一批民事纠纷。对于这些纠纷如何适用法律，最高人民法院司法解释采取了在没有其他法律规定的情况下，按照《反不正当竞争法》的一般条款进行调整的法律适用方法。

网络直播中的不正当竞争行为涉及网络信息安全、知识产权等方面。2017年《反不正当竞争法》与知识产权相关法律，它们都对这种违法行为进行了规制，但存在规制界限不明的问题。法律规定的界限不明，会给法律适用带来问题，应对两者的边界加以清晰界定。

6.1.2　网络不正当竞争行为行政执法中存在的问题

1. 竞争执法机构重点关注可能存在的滥用市场支配地位行为

互联网行业由于其行业特性，通常呈现出寡头竞争的格局，在每一个细分领域都容易出现出类拔萃的领先企业，而且一旦一家企业领先市场，并持续创新，能够抢占有利的市场地位，后来者将难以通过简单模仿的形式超越暂时领先的企业。此时，竞争执法机构通常会比较关注这些暂时领先的互联网企业，如欧盟委员会和美国 FTC 关注 Google、德国联邦卡特尔局关注 Facebook，关注焦点在于网络不正当竞争行为以及垄断行为的问题等。虽然不排除互联网行业也可能存在共谋、纵向限制等垄断行为，但是从各国竞争执法机构目前的执法案例来看，主要案件涉及滥用市场支配地位。当然，在经营者集中反垄断审查方面，美国 FTC 和 DOJ（司法部）以及欧盟委员会都已经对多个重大的互联网企业合并交易案件进行过反垄断审查，如 Facebook 收购 Whatsapp、Google收购 Doubleclick，不过到目前为止，尚无合并交易后涉嫌严重限制竞争而被禁止的互联网并购案件。

企业的集中很容易会导致垄断行为的发生，失去监管必然导致权力的滥用。对于一般的行业协会来说，有时还需要去"行政化"。行业协会需要摆脱"二政府"的问题，其不是政府的代言人，而应是政府与企业间的沟通者。行业协会需要理清政府、行业、市场、社会的关系，实现人事、资产、财务上的自主。对于行业协会的监管，同样需要从内部与外部两方面着手。从内部来看，行业协会内部应设立监督部门，这里的监督，不是指对于协会内企业执行问题的监督，而是广泛参与到行业协会的会议、交流、决策、执行等各个环节，综合把控行为的合法合规性。另外，监督部门的人员也不一定是来自行业内部的人员，同样可以聘请有关第三方人士，如事务所的律师、会计师，甚至是来自下游企业的人员，从而能够保证监督的有效性与客观性。外部的监督则主要来自政府与产业链相关的协会和企业。

2. 竞争执法机构关切的不是垄断地位本身而是滥用垄断地位的行为

出现垄断性质的企业并不意味着市场竞争被扭曲，即使是寡头市场也可以存在激烈的竞争，竞争法关注的是竞争过程。企业通过合法手段获得垄断地位并保持这种垄断地位本身并不违法，只是禁止获得垄断地位的企业通过排除竞争的形式维持垄断地位、攫取垄断利润以及损害消费者福利。更何况，企业从诞生之日起，其目的就是能够抢占市场，成为领先的企业，一家实力雄厚的企业往往更有创新的动力和财力。[①] 对于政府来说，是否可以建立一套行业协会重大决议的报备与公开体系，在给予协会自主权的同时，应该也要悬挂一把"达摩克利斯之剑"，督促企业合法合规开展竞争行为。而对于反垄断部门来说，可以建立起反垄断咨询制度。在很多情况下，企业缺乏对于法律的正确理解与认知，无法获悉法律条款的精神与原则，更是难以判断自身行为的合法性。而反垄断咨询制度就是在企业或者行业协会准备实施某一行为前，事先对反垄断机构进行咨询，获取执法机构的认定与意见，这样有利于企业放心地实施行为，也引导了企业、行业协会依法管理、合规操作。至于产业链上的企业与协会，因为处于上下游的关系，垄断行为对其有着更为直接的影响。对于来自下游的行业协会，他们对于上游企业的价格更为敏感，也更为熟知行业的历年基本行情走向、影响因素等，并且两者间的利益存在一定冲突，因此往往会更加及时、精准地察觉到垄断行为的发生。

3. 现有的竞争执法工具和制度是否能够满足对网络竞争执法的需要

有人提议，对包括互联网行业在内的数字市场的监管出台专门的部门法，

---

① P.Thiel, Competition Is for Losers, available at http://www.wsj.com/article/peter-thiel-competition-is-forlosers-1410535536. 2016-02-28.

认为事前监管比竞争执法这种事后监管更能起到有效保护数字市场竞争和秩序的作用。但是也有观点认为，数字市场中的隐私问题和数据保护问题可以由数据保护法、个人隐私保护法、消费者权益保护法等特殊部门法予以解决，数字市场中出现的竞争问题应该由竞争法解决，而且灵活利用现有的竞争法框架和制度已经能够很好地解决这一特殊行业的竞争问题，不需要再另行单独制定新的规则和制度。从目前来看，各国都是在现有的工具和法律制度规则的基础上来对网络不正当竞争行为进行执法监管的。

6.2　完善我国规制网络不正当竞争行为法律制度的建议

　　尽管网络不正当竞争行为层出不穷、各种各样，但其类型归纳起来主要包括利用互联网技术进行的新型不正当竞争行为和以网络平台进行的具体传统类型的不正当竞争行为。长期以来，在网络不正当竞争行为纠纷的司法实践中，面临着以下三个方面的急待解决的问题，即法律法规不健全不完善、法律原则在法律适用中的滥用和行政机关监管的不力。2017 年 11 月 4 日，第十二届全国人大常委会第三十次会议审议通过了修订后的《反不正当竞争法》，立法供应不足的问题得到了部分解决，对网络不正当竞争行为的立法规制得到了一定的回应。但 2017 年《反不正当竞争法》新增的"互联网专条"——第 12 条，对于网络不正当竞争行为的法律规制尚存在诸多问题与局限，还有进一步完善的空间。与此同时，还应强化司法实践中对 2017 年《反不正当竞争法》一般条款的规范适用和行政主体的协同运行机制，以充分保障网络市场竞争秩序与经营者与消费者的合法权益。[①]

6.2.1　探索和完善《反不正当竞争法》一般条款的法律适用

　　2017 年《反不正当竞争法》第 2 条一直作为司法实践中法律适用的《反不

---

　　① 张平.《反不正当竞争法》的一般条款及其适用——搜索引擎爬虫协议引发的思考. 法律适用，2013，3.

正当竞争法》"一般条款"①，但是关于该条规定是否属于一般条款，学界一直争议不断。因此，笔者认为有必要认真分析一般条款适用的必要性。

2017 年《反不正当竞争法》明确了《反不正当竞争法》和《反垄断法》各自的法律规制范围，在立法理念和规范内容等方面有很大进步。①但部分条文在立法依据、逻辑结构、法律用语等方面仍有进一步提升的空间。近年来，网络的不正当竞争纠纷案件的数量大幅增加，其中大多数是新型的网络不正当竞争案件，如网络广告屏蔽案件。②

我国《反不正当竞争法》第 2 条虽然没有被正式文件确立为"一般条款"，但在司法实践中却已被视为"一般条款"。如上所述，最高人民法院在案件的判决书中对《反不正当竞争法》第 2 条"一般条款"的适用作出了重要释明，指出认定市场不正当竞争行为的判断标准。②

自 1993 年《反不正当竞争法》制定以来，其第 2 条普遍适用于传统领域，并且是原则又笼统地被引用，并不甚具体，《反不正当竞争法》第 2 章所罗列的不正当竞争行为的具体情况就涵盖了大部分可能性案件，法律虽然具有适当的超前性，但不可能罗列所有可能性。随着市场经济的发展，越来越多的法律规定之外的新类型案件出现，所以"一般条款"的适用就越来越重要，而近几年来网络领域新型不正当竞争案件发生的较为频繁，如近期公众关注度较高、一度吵得较为火热的网络广告屏蔽案件。

2017 年《反不正当竞争法》第 6 条第 3 项规定了"擅自使用他人有一定影响的域名主体部分、网站名称、网页等"商业标识的行为。这是从法律层面将"有一定影响的域名主体部分、网站名称、网页等"网络的商业标识纳入直接的商业标识保护。如采用立法者所说，"第三类是网络活动中的一些特殊标识，如他人有一定影响的域名主体部分、网站名称、网页等"。③随着互联网的发展，前些年产生了域名与其他商业标识的权利冲突，而不是域名被仿冒问题。当然，除此之外，还可能涉及其他商标侵权情形。④鉴于在互联网时代域名等商业标识越来越重要，法律遂承认其独立的商业标识地位。

① 刘维. 反不正当竞争法一般条款的适用边界. 上海政法学院学报(法治论丛)，2011，11.

② 杜长辉，宋旭东. 反不正当竞争法视域下的关联主体借用资源投标行为分析——以司法审判中的法律适用为视角. 电子知识产权，2013，6.

③ 王瑞贺. 中华人民共和国反不正当竞争法释义. 北京：法律出版社，2018：16.

④ 《最高人民法院关于审理涉及计算机网络域名民事纠纷案件适用法律若干问题的解释》第 4 条。

1.《反不正当竞争法》一般条款规制的不足

不正当竞争行为是一种侵权行为，民法中的侵权行为法不实行法定原则。对于司法而言，也尽可能使主观服从于客观，毕竟实践是检验真理的唯一标准。从多年来的司法实践来看，不论立法者是否有意将《反不正当竞争法》第 2 条规定为一般条款，司法实践已接受了该条规定的一般条款意义，即对于该法第 2 章没有列举的不正当竞争行为，如果确实违反了该条规定的竞争原则以及符合不正当竞争的定义，就可以认定构成不正当竞争行为。司法实践中早已承认《反不正当竞争法》第 2 条的一般条款地位，并据此认定该法没有列举的不正当竞争行为。

2.《反不正当竞争法》一般条款规制的有效模式探索

为了改变《反不正当竞争法》在规制网络新出现的各种不正当竞争行为上存在立法不足的现状，明确《反不正当竞争法》第 2 条的法律适用，笔者认为可以尝试从以下几个方面进行有效的探索。

第一，明确"一般条款"的法律地位。明确《反不正当竞争法》第 2 条是作为认定各种不正当竞争行为的"一般条款"，明确规定《反不正当竞争法》第 2 条作为法律适用的"一般条款"的法律地位，明确规定"诚实信用原则以及公认的商业道德"参照相关行业标准和行业规范。[①]所以，尽管现阶段我国司法机关已经普遍接受了将《反不正当竞争法》第 2 条作为"一般条款"来对网络不正当竞争行为进行法律适用，我们仍要在《反不正当竞争法》或者相关司法解释中明确"一般条款"的法律地位，并对其适用作出明确的司法解释。从而依规限制法官的自由裁量权，使相关主体的权益不至于处于高度不确定状态，防止司法权的滥用。[②]

第二，扩大网络《反不正当竞争法》中的主体及其适用范围，完善网络不正当竞争行为的实施主体承担民事责任的方式。网络不正当竞争行为的实施主体实施了不正当竞争行为后，承担民事责任的方式应包括停止侵害、赔偿损失、赔礼道歉、消除影响等。[③]

---

① 张平.《反不正当竞争法》的一般条款及其适用——搜索引擎爬虫协议引发的思考. 法律适用，2013，3.

② 蒋佳川，马洪伟. 我国知识产权侵权纠纷取证方式研究. 湖北警官学院学报，2012，3.

③ 戴琳. 论我国的知识产权行政保护及行政管理机构设置. 云南大学学报（法学版），2010，6.

第三，应把消费者权益的保护纳入《反不正当竞争法》"一般条款"规定的法律保护范围，可以考虑在《反不正当竞争法》第 2 条中明确规定消费者权益保护的法律规定，并且应设置相应的承担"法律责任"的条款来明确对消费者权益的具体法律保护，这样就防止了《反不正当竞争法》第 2 条的"一般条款"在网络不正当竞争行为纠纷中法律适用的滥用。①

浏览器屏蔽网络广告功能所引发的网络的不正当竞争问题正是当前网络中的新型疑难案件之典型。这一方面反映了新技术对网络的不正当竞争问题带来了新的挑战和机遇；另一方面也说明了传统的反不正当竞争法律规定，在面对网络新型的不正当竞争问题时所体现的供给不足。本书认为，在面对网络所带来的新型不正当竞争行为问题时，我们应从《反不正当竞争法》的既有规则和法律逻辑适用新型的不正当竞争行为，同时法院还应结合利益平衡的法律原则，这样才可以准确适用《反不正当竞争法》。

6.2.2　完善网络不正当竞争行为法律规制的制度体系

1. 确立网络新型不正当竞争行为的司法裁判规则

首先，在司法实践中，网络不正当竞争行为出现跨领域的发展趋势，使网络的竞争不仅局限于软件经营者与软件经营者之间的竞争，还表现为软件经营者与硬件经营者之间为了争夺消费者而展开的竞争。在该领域中，经营者直接的竞争关系的判定，已经突破了传统的是否有相同的经营范围和经营领域，而是转向是否分流了消费者的注意力、分流了同业竞争者的流量。在司法实践中，法院将竞争关系做扩张性解释，竞争关系逐渐突破经营者原有的经营范围。

其次，"非公益必要不干预"原则、"最小特权"原则、"一视同仁"原则等基本原则在司法实践中得以确立和适用。互联网技术的不断更新与发展，新型竞争行为种类也会不断涌现，从早期网络的以软件干扰争抢装机量，基础运营商针对网络服务商的不正当竞争行为，再到由安全软件测评引发的不正当竞争和以"3Q 事件"为代表的复合型不正当竞争案件的涌现。未来还会有更多类型的不正当竞争行为随着技术的发展而层出不穷。以软件干扰、流量劫持、"搭便车"、广告屏蔽等类型的网络不正当竞争行为类型化趋势明显并表现出

---

① 孔祥俊. 反不正当竞争法的司法创新和发展——为《反不正当竞争法》施行 20 周年而作(上). 知识产权，2013，11.

多种行为并存的发展趋势。

面对类型化趋势明显的网络不正当竞争行为，通过司法判例所确立的这些基本原则为司法领域审理不正当竞争案件提供了统一的司法指导，对于网络不断涌现的新型不正当案件的规制具有建设性的意义。可以预见，这些司法实践中的基本原则将会为创设网络的不正当竞争案件的统一司法规制奠定基础。

2. 实现网络不正当竞争行为一般条款适用的客观化

（1）建立网络不正当竞争行为的商业模式。要减少因适用一般条款造成的不确定性问题，关键在于实现一般条款适用的客观化，即将商业道德客观化。笔者认为，通过建立网络直播行业的商业模式可以实现该行业商业道德的客观化，即只要行为违反了所确立的商业模式就违反了该行业的商业道德。但要注意的是，所确立的网络直播的商业模式要符合网络直播行业的发展及消费者的客观需求，以及不能损害其他网络直播经营者的利益、不能损害有序的网络直播市场环境和公平的网络直播市场竞争规则。

（2）合理区分网络不正当竞争行为的技术突破与商业模式。随着互联网技术的革新与突破，今后出现的网络直播商业模式极有可能对已经确立的网络直播商业模式造成冲击。在适用已经确立的商业模式认定网络直播不正当竞争行为性质时，要考察新出现的网络直播的商业模式是否是技术突破。应合理区分商业模式与技术突破，并注意要对两者进行动态调整，适时推进新的商业模式。

3. 建立网络不正当竞争行为纠纷具体条款的适用制度

（1）通过司法解释明确互联网行业公认的商业道德的内涵及外延，综合考虑特定行业惯例、从业规范或者自律公约以及行为的表现形式、造成的后果以及行为人的主观状态等因素，确定盗播、未经授权擅自直播行为以及对于点击量、观看人数数据的等新型虚假宣传行为构成不正当竞争的适用标准。

（2）加大对违反网络环境下不正当竞争行为具体条款行为的调查力度。虽然对网络直播中出现的利用"网络水军"损害他人商誉、利用技术手段实施的新型不正当竞争行为的查证比较困难，但这类行为往往对竞争对手造成的危害大、范围广。因此应加大对此类不正当竞争行为的调查力度，具体来说，市场监督管理部门应加大对"网络水军"、新型技术侵权的调查力度，赋予其检查网络直播平台电子信息相关资料的权力。

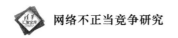

4. 明确个人信息保护的网络不正当竞争行为的法律体系

完善我国个人信息保护的网络不正当竞争行为的法律保护制度，使得公民的人格权利得到保障的同时，也是健全我国法律体系的重要举措，包括明确个人信息保护的立法原则、明确相关数据主体的权利和责任、建立独立监管机构、制定切实有效的救济措施等。

第一，要明确个人信息保护的立法原则。众所周知，立法原则作为一般性、总括性的原则是贯穿于整个立法活动始终的。如前所述，欧盟个人信息保护的《一般数据保护条例》中对数据处理确立了七项基本原则。[①]不同的国家基于不同的国情和传统依照不同的价值取向立法，所以，我国个人信息保护立法的制定应当建立以下原则[②]：一是意思自治的原则，个人能够根据自己内心的意思表示决定是否将个人信息公之于众，决定是否全程参与信息的收集利用过程，决定是否对登记错误的信息直接提出修改；二是限制的原则，对收集信息的实际利用不能超出本来的目的和范围；三是依法公开的原则；四是责任救济的原则。严厉查处侵害个人信息的行为主体，责令其承担相应的责任，使得受侵害主体能够得到相应的救济。上述四项原则性规定应当贯穿个人信息保护的全过程，保证遵循某种特定的思路，不受原则的限制也不能超出原则的规定，寻求各方利益的平衡。

第二，要明确相关数据主体的权利和责任。对于公民而言，应当借鉴欧盟立法经验，明确赋予公民知情权、更改权、被遗忘权、数据可携带权等基本权利，使其行使权利具有法律依据。例如，数据主体享有对修改或者删除个人信息的更改权。此外，我国应当根据互联网信息发展程度以及对个人信息保护的相关立法规范程度，认真研究是否引入个人数据被遗忘权和数据可携带权。对于数据控制者，应当明确其保护个人信息安全的法律责任与义务。首先，在收集利用信息之前，数据控制者应当向数据主体明确告知，积极配合数据主体查询、改正或者删除被利用的个人信息。其次，发生个人信息泄露等情况时，数据控制者必须及时向监管机构汇报，通知并配合数据主体采取适当措施尽可能消除负面影响。最后，数据控制者应当统筹考虑最先进的技术、实施成本等因素，执行合适的技术措施和有组织性的措施，来保证合理应对风险的安全水平。为此，明确并保障各方数据主体的权利和责任，有利于促进数字经济健康发展。

---

① 吕艳宾. 论完善个人信息保护法律制度的几个问题. 当代法学，2006，4：33.

② 韩飞. 完善我国个人信息保护法律制度的构想. 硕士学位论文，吉林财经大学，2017.

第三，要建立独立监管机构。首先为了贯彻国家机构"权责统一、各司其职"的宗旨，当个人信息受到侵犯时，可以到该机构投诉，该机构应及时受理并展开事后监督，保障公民个人权利。其次，监管机构应当开展个人信息保护相关的执法调查与研究，在构建一个有效的监督体系之下对信息控制者进行全方位、全方面的监督，保护个人信息安全的同时，也有利于构建我国的个人信息保护法律制度。监管机构需从事前、事中、事后全方面全过程监督。监管机构应当发挥法律的指导性作用，在事前做到充分性提醒，打消信息控制者利己的念头；在收集和运用个人信息的过程中，适用法律中专门条款监督事中行为；在处理个人信息之后，运用约束性法律条款监督事后行为，防止出现滥用个人信息的行为。最后，赋予监管机构相应的执法监督权力。一是调查权，监管机构有权要求控制者和处理者提供履行其任务所需要的所有信息；二是矫正权，监管机构有权对控制者或处理者发布警告、进行申诫、施加禁令等；三是司法参与权，监管机构有权对控制者或处理者的违法行为诉诸司法机构，在合适的情形下可以提起或参与法律诉讼。

第四，要制定切实有效的救济措施。若泄露者或非法利用者未及时采取遏制措施，公民应当及时向监管机构进行申诉，通过监管机构对泄露者或非法利用者进行法律处罚，使其承担停止侵害、消除影响、恢复名誉、赔偿损失等民事法律责任，构成犯罪的，承担刑事责任。因此，我国对于数据控制者的处罚，除采取上述方式之外，也可借鉴欧盟处以高额罚款，促使数据控制者严守个人信息保护的规定。

5. 明确电商刷单行为的法律定性和法律责任

电商刷单行为的成因复杂，多个主体利益交织。对其防范治理需要政府、行业、平台、消费者等各方主体共同努力，要求法律体系、行业规范、平台规则、社会征信体系、平台信用评价体系等各种机制发挥好作用。

（1）明确电商刷单行为的法律定性和法律责任，加快电子商务行业法律体系建设。规制电商刷单行为首先要对其进行法律定性。首先，电商刷单行为属于网络不正当竞争行为。正向刷单中，商家对其商品的销售状况、用户评价等做虚假或引人误解的宣传，电商刷单中介以组织虚假交易等方式帮助其他经营者进行虚假或引人误解的商业宣传，两者的行为均构成虚假宣传。反向刷单的商家的行为性质与正向刷单的商家的行为性质是一样的。根据 2017 年《反不正当竞争法》的规定，刷单的商家和组织者给其他经营者造成损害的，应当承担民事赔偿责任。监督检查部门可以责令停止刷单行为，正向刷单的，处以罚款，情节严重的可以吊销营业执照；反向刷单的，责令消除影响，处以罚款。其次，刷单商家向消费者提供虚假的销量、用户评价等商品信息，侵犯了消费者的知情权。让消费者在对商品产生错误认识的情况下进行交易，还会损害消费者的公平交易权。根据《消费者权益保护法》的规定，给消费者造成损失的，商家应承担赔偿责任。消费者还可以欺诈为由主张撤销买卖合同。最后，电商刷单行为涉及财产数额较大、情节恶劣时还有可能触犯刑法。商家进行正向刷单可能构成虚假广告罪，反向刷单可能构成损害商业信誉、商品声誉罪。刷单组织者可能构成非法经营罪。但是在适用刑法时，必须严格遵循刑法的谦抑原则，电商刷单行为必须完全满足相应罪名的构成要件才可定罪。尤其已成"口袋罪"的非法经营罪，切不可动辄适用。消费者、其他经营者以及平台应积极主张权利，及时向市场监督管理部门举报刷单行为。监管部门要切实履行职责，及时查处，提高电商刷单的违法成本。在互联网经济飞速发展的背景下，市场监管部门也需利用互联网技术创新监管方法，提高对电子商务行业的监管水平。[1]为了紧跟电子商务行业的发展速度，有效规制包括电商刷单在内的各种新生问题，需以新出台的《中华人民共和国电子商务法》为基础，细化补充网络监管的司法解释和执法程序等，对电子商务领域不法行为的界定、相关主体的法律责任、监管的方式和程序等作出系统、明确的规定。对信用报告法、社会信用立法等相关法律予以完善。从国家立法到地方立法，健全多层次、针对性强的电子商务行业的各类法律法规，加快建设电子商务行业法律体系。[2]此外，要有效防治电商刷单行为，仅依靠国家法律和政府监管还不够，需辅以行业协会自律监管，让"软法"和"硬法"共同发挥作用。[3]

（2）改革电子商务平台的信用评价机制，健全社会信用体系。优化电子商务平台的信用评价机制是对电商刷单行为的源头治理。当前的评价机制过分注重销量及用户评价，而没有综合考虑其他因素。可参考美国对商家信用等级的计算方式。首先，通过买家的交易数量、信用等级、评价的详细程度等对买家进行区分，交易记录越多、信用等级越高的买家的评分会对卖家的信用评价产

---

① 刘晓梅，刘行星. 网络刷单行为规制研究. 黑龙江社会科学，2018，2：28.

② 咸喜涛. 从经济法角度论刷单行为法律规制之完善. 硕士学位论文，山东大学，2016.

③ 卢代富，林慰曾. 网络刷单及其法律责任. 重庆邮电大学学报（社会科学版），2017，9：10.

生更大的影响。其次，增加店铺综合评价在信用评分中所占比重。同时，将商家的工商登记、财务状况、纳税情况、诚信记录等作为其信用评价的因素。这种综合考量形成的商家信用分析报告更加科学，对商家的信用监督更加有效。此外，应当设立第三方信用评价机构。一方面，第三方信用评价机构具有权威性和独立性，采用统一的评价指标对商家进行信用评价。较之作为交易参与方的平台作出的评价，更具科学性、客观性和公正性。另一方面，全国性的第三方信用评价机构可对各平台的信息进行整合，既可以对商家在不同平台的信用状况进行综合评价，使信用评价更加真实、科学，又可以实现信息共享，提高监督效率。长远看来，应借助互联网技术，加快健全社会征信体系，使其有效发挥对电子商务市场的信用监督作用。在社会信用系统下，对电子商务平台的商家和买家推行实名制，建立电子商务信用管理制度。创建失信记录系统，将实施刷单行为的商家和刷客纳入该系统，进行严格监控。实施信用分级制度，对守信者进行奖励，对达到一定失信次数的经营者施以强制退出电商行业、限期禁入等惩罚措施。加大刷单行为的信用成本，为电子商务行业的发展提供诚实守信的市场环境。

（3）电子商务平台应实施有效监督。电子商务平台作为电子商务活动的场所，有义务对电商刷单行为进行事前、事中、事后的实时监督。立法应予明确规定。事前阶段，电子商务平台应对商家实行严格的准入机制，对入驻商家的营业资格、信用状况进行审查。制定电子商务平台规则，对商家和买家的行为加以规制，明确对电商刷单行为的处罚措施及程序。此外，电子商务平台还应设立专职部门，配备充足的工作人员，加大技术投入，严厉打击电商刷单行为。事中阶段，电子商务平台可以充分利用网络技术，提高对电商刷单行为的监测水平。建立技术监测系统，实时收集和分析平台的数据流量，对销量、好评数、信用等级增速过快等数据异常的店铺进行自动甄别，将被系统认定为可能存在刷单行为的商家报由工作人员进行审查，以及时发现并制止刷单行为。此外，建立技术监测系统还有利于对电商刷单行为调查取证，便于事后追究相关主体的法律责任。事后阶段，电子商务平台应依照电子商务平台规则，对实

---

① 邢玲. 网购信用炒作行为的法律规制. 法制与社会，2016，5：15.

② 叶良芳. 刷单炒信行为的规范分析及其治理路径. 法学，2018，3：30.

③ 咸喜涛. 从经济法角度论刷单行为法律规制之完善. 硕士学位论文，山东大学，2016.

④ 刘晓梅，刘行星. 网络刷单行为规制研究. 黑龙江社会科学，2018，2：28.

施电商刷单行为的商家和买家进行严厉处罚。可对刷单的商家采取扣除信用评分、降低搜索排位、限制参与促销活动、限制销售活动、在其信用评价中载明失信情况、在电子商务平台通告电商刷单情况等处罚措施。情节严重的，还可以限期或永久禁止该商家入驻电子商务平台。对刷客可以施以拒绝承认该笔交易、扣除积分奖励、限制享受平台优惠活动等惩罚。情节严重的，还可以限期禁止该用户在电子商务平台活动、注销电子商务平台账户等。市场监管部门应加强对电商平台的监督，如果电商平台怠于履行职责，对电商刷单行为监督不力，应对其进行批评教育甚至行政处罚。给消费者造成损害的，未履行合理监督义务的电子商务平台，还需与电商刷单行为实施者承担连带责任。

电子商务是传统商业模式在互联网时代的变革，极大地改变了人民的生活方式，为经济发展注入了新的活力。然而，每个新生行业发展到一定阶段，都不可避免会遇到一些问题，电商刷单问题就是电子商务行业发展中的瓶颈。面对这一障碍，需要政府、行业协会、电商平台等多方主体携手共治，立法、行政、司法、社会监督等各种机制共同发挥作用。运用构建电子商务行业法律体系、健全社会征信体系、改革电子商务平台信用评估机制等多种手段，对电商刷单行为问题进行全方位监管、多角度治理。为电子商务行业的健康发展营造一个公平有序的市场环境，让其在市场经济中持续焕发蓬勃生机和活力。

6. 明确《反不正当竞争法》与知识产权相关法律体系的界限

《反不正当竞争法》与知识产权法两者追求的价值不同，属性不一，从两者关系来看，前者是作为一种有限的补充手段来对后者的空白部分或遗漏部分进行兜底保护。因此，在规制网络直播中的不正当竞争行为时，应当明确两者的适用界限。具体来说，第一，对于影响网络直播市场秩序的违法行为应由《反不正当竞争法》予以规制，因为稳定市场秩序是该法的主要功能之一；第二，《反不正当竞争法》的一般条款是一种兜底条款，频繁适用不利于司法的稳定。因此，对于既可以适用一般条款规制又可以适用知识产权法规制的违法行为，应优先选择知识产权法。第三，对于在两种法律的固有领域外，出现的可能被包含于知识产权法列举的，但又未能明确的权利，应由当事人自由选择适用法律，并依此要求对方承担责任。

要减少网络不正当竞争行为中的乱象，关键在于《反不正当竞争法》对网络直播平台经营者的规制。适用该法规制网络直播中的不正当竞争行为，既能够稳定网络直播市场的竞争秩序，又能够弥补知识产权法规制的缺陷。但现有《反不正当竞争法》仍存在着适用一般条款规制具有不确定性、适用具体条款规制具有难度以及与知识产权法的规制界限不明的问题。因此，应通过确立网络直播的商业模式实现一般条款适用的客观化，建立具体条款的适用制度以及明确与知识产权法律体系的界限。

6.2.3 《反不正当竞争法》"互联网专条"进一步完善建议

网络不正当竞争行为规制的专门条款——2017年《反不正当竞争法》的"互联网专条"，不仅是对网络不正当竞争行为纠纷司法实践的总结，也是从立法的角度对司法实践所做的积极回应和有益探索，为司法实践者处理网络不正当竞争行为提供明确的法律依据。"互联网专条"的立法，表明立法者意识到近年来网络不正当竞争行为频发，对广大网民的利益造成了巨大损害，因此试图以专条的方式规范该行业竞争秩序。

2017年《反不正当竞争法》对于网络不正当竞争行为的规制具有重要的现实意义。2017年《反不正当竞争法》"互联网专条"——第12条，其第2款第1项禁止"未经其他经营者同意，在其合法提供的网络产品或者服务中，插入链接、强制进行目标跳转"并不利于互联网服务的多元化；第3项禁止"恶意对其他经营者合法提供的网络产品或者服务实施不兼容"在司法实践中很难认定，因为兼容和不兼容在互联网网络中是很普遍的现象。因此，由于互联网行业具有迅猛发展、日新月异之特点，单以2017年《反不正当竞争法》第12条为法律适用依据，判定某一行为是否属于网络不正当竞争行为还是不够充分和准确的。

同时，2017年《反不正当竞争法》"互联网专条"——第12条，其在各类型之间的关系上来说，第一种强制目标跳转行为、第三种恶意不兼容行为在行为表述、分类标准与实施者的实施手段上有所不同，但从消费者的角度而言，均会干扰其主观选择；从其他经营者的角度而言，会干扰其网络服务的正常运行。可以说，第一、第三种行为与第二种干扰用户判断行为、第四种破坏经营者产品或服务行为之间存在手段与后果的关系，在广义上来说，第一、第三种行为可以是第二、第四种行为的表现形式；在与传统不正当竞争行为的关系上来说，第二种误导、欺骗、强迫用户修改、关闭、卸载他人合法提供的网络产品或者服务的行为可能与传统商家虚假宣传产品相混淆；第四种干扰或者破坏他人合法提供的网络产品或者服务的正常运行的行为，不排除经营者利用网络破坏他人产品或服务，降低消费者的信任度，难免造成与诋毁其商誉行为的混淆；同时"不兼容"作为一种市场行为，将其纳入本条，司法实践中难免会造成限制商业模式创新的结局。

2017 年《反不正当竞争法》"互联网专条"是根据大量的司法判例抽象出来，并且为了提高适用的灵活性和广泛性，增加了兜底条款，体现了《反不正当竞争法》的时代性，并为司法机关尤其是执法机关提供了有针对性的法律依据，是 2017 年《反不正当竞争法》修改后的亮点。2017 年《反不正当竞争法》"互联网专条"在正式实施后到目前为止一直没有得到很好的适用，除了执法机关和司法机关持合理的谨慎态度以外，也与该条本身不够明确有一定关联。

1. "互联网专条"的普遍性、稳定性问题

21 世纪以来，我国信息网络行业取得了迅速的发展，互联网行业经历了不同的发展和竞争阶段，不同阶段存在不同的竞争特点和竞争态势。很多学者认为，即便规定了兜底条款，通过类型化规定，仍然难以覆盖互联网多样的竞争方式，并且随着时间的推移和技术的创新，类型化列举的几种行为很可能在短时间内就不再是主要的不正当竞争行为，因此而产生了对本条适用普遍性和稳定性的担忧。另一方面的担心，在于本条对产业和创新的影响。[①]

对于未在 2017 年《反不正当竞争法》"互联网专条"中列举的行为，如果符合 2017 年《反不正当竞争法》"互联网专条"的概括性构成要件的，即满足"利用技术手段""妨碍、破坏"的，优先适用该条第 2 款第 4 项的兜底规定；如果不满足前述要件，需要考察该行为是否只是借用了互联网的"壳"，在 2017 年《反不正当竞争法》第 2 章规定的其他具体不正当竞争行为中是否有符合的条款；如果仍不满足前述要件，再考察适用 2017 年《反不正当竞争法》第 2 条一般条款。

根据列举项规定，与广告过滤案件比较贴近的只有第 2 项。但此类案件中，用户并未受到过滤软件提供者的"误导""欺骗""强迫"，恰恰相反是其有意作出的选择。[②]因此，2017 年《反不正当竞争法》"互联网专条"列举项并未对

---

① 孔祥俊. 新修订反不正当竞争法释评（下）. 中国工商报，2017-11-16.

② 李阁霞. 互联网不正当竞争行为分析——兼评《反不正当竞争法》中"互联网不正当竞争行为"条款. 知识产权，2018，2：20.

视频广告过滤问题作出规制。进一步来看，广告过滤行为之所以被诉诸法律，是因为视频网站认为，过滤软件提供者"利用技术手段"对其正常运行进行了"妨碍"，故满足 2017 年《反不正当竞争法》"互联网专条"的概括性要件，应使用该条兜底项进行规制。

另外，有必要澄清，2017 年《反不正当竞争法》第 2 条和第 2 章规定的具体行为之间，并非总则和分则的关系，也不是一般条款和特殊条款的关系，二者的区别是在适用方法上的区别。在适用 2017 年《反不正当竞争法》第 2 条时，一定要做定性分析，即手段如何不正当、如何违反市场秩序、诚实信用原则和公认的商业道德等，但如果是第 2 章规定的具体行为，则不需要再做定性分析，直接套用条文中的规定即可，因为 2017 年《反不正当竞争法》第 2 章的具体行为一般是符合第 2 条的规定的。由此，在 2017 年《反不正当竞争法》"互联网专条"下探讨视频广告过滤行为是否构成不正当竞争时，无须再适用一般条款的要求对其做定性分析。

2. "互联网专条"条款中的"恶意"不兼容问题

2017 年《反不正当竞争法》"互联网专条"第 3 项主要规制"恶意不兼容"行为。不兼容是网络竞争的一个重要手段，因此"恶意不兼容"是网络的不正当竞争的重要表现形式，对该条款的重视以及质疑并存。

（1）"恶意"是主观还是客观？在适用该条款时，第一个需要解决的问题便是"恶意"。恶意的标准是什么？该条款在使用时应以"主观恶意"为标准还是应以"客观恶意"为标准？笔者认为，此处的"恶意"应以"客观恶意"为标准。首先，竞争具有天然的对抗性，要求市场主体"主观"善意，既不合情也不合理。其次，主观标准难以形成统一标准，过于宽泛的"自由裁量权"会导致法律适用的不确定性和差异性。最后，原告证明被告的主观恶意既不合理也不现实。

（2）本条款是否会影响企业自主经营以及创新？竞争是市场经济的主要机制，市场依靠竞争实现资源的优化配置和"优胜劣汰"。是否与其他企业合作，与哪些企业以什么样的方式合作属于企业自主经营范围，应由企业自主决定，如无差别要求所有企业必须与其他企业"兼容"，将会干预企业自主经营权。另外，如果法律规定经营者必须"兼容"与其有竞争关系的其他经营者提供的产品或服务，竞争机制便无法发挥作用，同时会抑制企业创新的积极性和主动性。因此，应该将"兼容"限定在一定范围内。首先，只有具有市场支配地位或不能证明其市场支配地位但具有明显市场优势地位的企业才可能存在"兼容"的义务，在法律适用中应该明确，不是所有经营者都必须要"兼容"竞争对手的产品或服务。其次，即便有"兼容"义务的企业，"不兼容"的行为也并非都构成"不正当竞争"，只有客观上可以判断其存在"恶意"，才有可能受本项规制。理论上，如果经营者拥有合理理由的"不兼容"，不应认定为"不正当竞争"。

（3）是否属于《反垄断法》管辖范围？《反垄断法》第17条第3项规定，禁止具有市场支配地位的经营者"没有正当理由，拒绝与交易相对人进行交易"。笔者认为，如果认定拥有市场支配地位的企业才有兼容义务，适用《反垄断法》拒绝交易的规则更合适。除了以上问题，在法律适用中，具体应该依据哪些因素来考察被诉或者被指控"不兼容"行为是否构成不正当行为，对经营者至关重要。陶钧法官认为，对于"恶意不兼容"应考量三个要素。[①]由于缺乏成熟、稳定的司法案例群，无论是学界还是实务界都未对"恶意不兼容"标准形成通说，该类型案例的判断标准和分析路径有待在实践中进一步讨论和论证。

按照体系性解释中的同类解释规则，如果某个具体的人或物被法律所列举，然后被归于一般性的类别，那么，该一般性的类别就应当与具体列举的人或物属于同一类型。[②]据此，2017年《反不正当竞争法》"互联网专条"第2款第4项的兜底情形应与前三种情形属于同一类别。该条第2款列举的前三种情形分别要求：①强制跳转；②误导、欺骗、强迫；③恶意不兼容。可见，2017年《反不正当竞争法》"互联网专条"并非将所有妨碍、破坏产品或服务正常运行的行为都认定为不正当竞争行为，而是附加了主观上的可归责性。因此，"其他妨碍、破坏"的不正当竞争行为必然要求行为人具有"主观故意"。如果做相反解释，则该兜底项的法律适用将产生阻碍技术创新、影响经济健康发展的严重后果。[③]

基于上述，对于视频广告过滤行为是否构成不正当竞争的认定，在以用户

---

① 陶钧. 新《反不正当竞争法》对新型不正当竞争行为的规制与界定，http://zfxxgk.weihai.gov.cn/xxgk/jcms_files/jcms1/web71/site/art/2018/2/5/art_12863_262524.html，2018-06-15.

② 王利明. 法学方法论. 北京：中国人民大学出版社，2011：349.

③ 梁志文. 论《反不正当竞争法》下广告屏蔽软件的合法性判断. 电子知识产权，2018，1：12.

预期视角对该行为进行法律评价后，还需考虑主观要素。这一路径有点类似于美国的"故意干扰合同侵权"，一种自 17 世纪在美国司法实践中发展出来的侵权行为。根据《美国侵权法重述（第二版）》的规定，凡是符合下列三个要件的，应对所造成的经济损失承担损害赔偿责任：①意图（或故意）；②以不正当的方式；③干涉他人与第三方合同的履行，通过阻止履行或使履行行为增加更多花费和负担。根据前文分析，对于免费用户，在其无权期待不受广告打扰的情况下，第三方提供的广告过滤服务确会阻止、破坏其与视频网站之间视频播放服务合同的履行。能否认定构成侵权的关键，还是在于广告过滤服务提供者是否存在主观故意。在美国，对于具有广告过滤功能的浏览器是否能够构成干扰合同侵权，法院还没有相应的判例，学者对此问题也有不同的见解，不过最大的问题也是过滤软件的恶意难以证明。①

3. "互联网专条"中的软件干扰行为问题

网络的不正当竞争从早期开始，软件干扰行为就不断出现，成为最主要的网络不正当竞争行为之一。各级法院的法官从一系列典型的案例判决中提炼出了一些针对软件干扰行为的反不正当竞争规则，如在"百度公司诉 360 公司插标案"②中，法院认为软件之间的竞争应当遵守"非公益必要不干扰"原则，即软件在电脑中的运行应遵守并行不悖、互不干扰的基本规则。在该案的再审裁定中，法院针对安全软件在操作系统中拥有较高权限的情况，认为安全软件应遵守"最小特权原则"。此外，在"搜狗公司诉 360 公司拦截搜狗浏览器案"③中，法院提出了"平等对待原则"。由此可见，2017 年《反不正当竞争法》"互联网专条"应将"软件干扰"行为纳入禁止的不正当竞争行为类型中。

---

① 周樨平. 竞争法视野中互联网不当干扰行为的判断标准——兼评"非公益必要不干扰原则". 法学，2015，5：92.

② 北京市高级人民法院民事判决书（2013）高民终字第 2352 号；最高人民法院民事裁定书（2014）民申字第 873 号。"非公益必要不干扰"原则可以概括为：第一，不得干扰其他软件正常运行；第二，如需干扰，必须出于公益之目的，如查杀病毒等；第三，实施干扰一方要对自己行为的"公益性"承担举证责任，否则面临败诉风险。"最小特权原则"即安全软件在计算机系统中拥有优先权限，其应当审慎运用这种"特权"，对用户以及其他服务提供者的干预行为应以"实现其功能所必需"为前提。

③ 北京市第二中级人民法院民事判决书（2013）二中民初字第 15709 号。"平等对待原则即安全服务企业不得利用自身的安全监测和干预能力，对竞争对手的产品加以阻碍，对自己或无竞争关系者的产品不作提示，代替用户作出判断。被告区别对待行为有违一视同仁原则。

在 2017 年《反不正当竞争法》"互联网专条"下认定视频广告过滤行为是否构成不正当竞争，还是要先对原被告双方的竞争关系进行认定，因为竞争关系的存在是适用反不正当竞争法的先决条件。在广义竞争关系立场下，视频网站和广告过滤软件提供者之间通常存在竞争关系。在套用兜底条款中的构成要件来判定被告行为是否构成不正当竞争，需要考察被告是否利用技术手段妨碍、破坏其他经营者合法提供的网络产品或者服务正常运行。由于《反不正当竞争法》的立法目的在于维护市场秩序，防止经营者和消费者的合法利益受到损害，所以适用该条款时，也并非简单套用，需要纳入利益衡量因素。

首先，需要讨论广告过滤软件是否妨碍、破坏产品或服务的正常运行。在讨论广告过滤软件是否破坏视频网站的正常经营时，法院常常将观察视角放在视频网站身上，以视频网站用户人数的减少以及广告利益的损失，来判定广告过滤软件妨碍、破坏了其服务的正常运行。在世界之窗案的二审判决中，法院直接认为，被诉的广告过滤行为显然属于一种主动采取措施直接干涉、插手他人经营的行为。站在视频网站视角下，过滤软件的提供者难以解释具有合法性与正当性。如果转换一个视角，是否会有所不同？在互联网商业领域有"SaaS""PaaS"和"IaaS"的概念，分别表示"软件即服务""平台即服务"和"网络基础设施即服务"。在这一概念基础下，视频网站是用来向网络用户提供视频播放服务的，广告过滤软件或插件是用来向网络用户提供广告过滤服务的。换言之，可以将视频网站与广告过滤软件或插件放在同一个法律关系中去讨论。基于此，正当性分析的新视角得以确定，即视频播放服务和广告过滤服务的结合点——用户。

从法律关系上看，用户分别与视频网站和广告过滤软件或插件的开发者形成了以下合同关系：与视频网站之间的视频播放服务合同，以及与过滤软件或插件开发者之间的广告过滤服务合同。对于用户来说，视频广告过滤会为其带来极大的便利与利益，如能够节省对用户装置（尤其是移动装置，如手机登录）资源的耗费（空间占有、流量消耗等）、降低用户注意力的损耗、极大提升用户观影流畅度等。然而问题的关键在于，用户是否有权不看广告？或者说用户是否有权期待不受广告的打扰？从用户与视频网站的播放服务合同内容来看，作为商业性服务提供者的视频网站当然可以无偿提供服务，但其并没有法律上提供无偿服务的义务。视频网站花费大量资金购置电影、电视剧等影视作品的版权，自然有权期待从用户那里得到一定的经济回报。

对于付费用户来说，其已经向视频服务提供者支付了费用，就有权期待不受广告的打扰，除非另有约定。在此情形下，如果播放服务提供者在付费用户的视频播放过程中还要插播广告，就构成了违约，用户既可以要求服务提供者不得插播广告，也可以进行"私力救济"，即利用第三方的过滤服务来维护自己的权益。

对于免费用户来说，情况就有所不同。免费用户未向视频服务提供者支付资金方面的报酬，在"免费+广告"商业模式下，这类用户通过观看视频前的贴片广告，提高广告的播放量，从而为视频网站带来经济收益，消耗的实质是时间成本。在这种情况下，是否观看广告是用户的选择，但用户无权要求视频网站不播放广告，也无权期待不受广告的打扰。接受第三方的过滤服务，虽然出自用户的自愿，但在用户无权期待不看广告的情况下，第三方的服务在法律上构成了对播放服务提供者与用户之间的合同关系的破坏。不过，也存在例外情形，当视频网站播放广告的时长超出用户合理预期或广告存在暴力、限制等内容时，视频网站的广告可被定性为"恶意广告"，此时，免费用户自然可以采取"私力救济"，利用第三方的广告过滤服务来维护自身权益。

在技术中立观念下，技术只是人们实施行为或提供服务的工具或途径，构成侵权的不是技术，而是人的行为。以用户为观察视角，可以发现并非所有的视频广告过滤服务都构成对他人经营的妨碍、破坏，应在具体案件中具体判断。

4. "互联网专条"与第 2 条的适用关系

目前最高人民法院没有关于 2017 年《反不正当竞争法》"互联网专条"的司法解释，因此应该如何处理 2017 年《反不正当竞争法》"互联网专条"和其第 2 条的关系，成为令司法实务界困惑的一个问题。北京市高级人民法院发布《涉及网络知识产权案件审理指南》第 32 条规定，"被告通过信息网络实施的被控不正当竞争行为，属于反不正当竞争法第 2 章所规定的具体情形的，则不应再适用该法第二条的规定进行调整。"①根据特殊优于一般的法律适用原则，在考察利用网络从事生产活动的经营者具体行为是否构成不正当竞争行为时，应当首先考察是否符合 2017 年《反不正当竞争法》"互联网专条"前 3 项以及第 2 章的构成要件，如果不符合，再考察 2017 年《反不正当竞争法》"互联网专条"第 4 项的兜底条款。如果以上条款皆不适用，再适用《反不正当竞争法》

---

① https://www.chinacourt.org/article/detail/2016/04/id/1840843.shtml，2018-06-15.

第 2 条的一般条款。在"海带配额案"中，最高人民法院首次确立了《反不正当竞争法》第 2 条具有一般条款，可直接且独立予以司法适用的地位。[①]针对第 12 条适用前提还存在"网络的范围如何界定""如何理解合法提供网络产品和服务""如何判断妨碍、破坏的标准"以及互联网经营者非利用技术手段实施的不正当竞争行为，无法适用 2017 年《反不正当竞争法》"互联网专条"等问题。

5. "互联网专条"具体完善建议方案

在信息网络领域中，经营者在无正当理由的情况下，不得恶意利用技术手段等从事违背行业惯例、技术规范及行业规范等损害消费者利益、破坏其他经营者正常经营的行为。

前款所规定的行为包括以下情形。

（1）未经许可且无正当理由，使用能够为其他经营者增加交易机会和竞争优势的内容，并足以替代消费者访问内容来源网站或为自身增加交易机会的；

（2）未经许可且无正当理由，修改其他经营者搜索栏中的下拉提示词，直接影响其他经营者交易机会的；

（3）未经许可且无正当理由，利用其他经营者信息网络产品或服务的访问量，进行强制目标跳转或插入广告的；

（4）无正当理由，中断、阻止或者以其他方式破坏其他经营者正常经营活动的；

（5）其他损害消费者利益、破坏其他经营者正常经营的行为。

在信息网络领域中，经营者所从事的不正当竞争行为属于本法第 2 章其他条款所规定的具体情形时，不再适用本条款。

2017 年《反不正当竞争法》新增的"互联网专条"回应了对网络不正当竞争行为进行法律规制的立法需要，但尚存诸多问题与局限，在立法、执法、司法等方面有进一步完善的空间。在今后的司法实践中，应加强对《反不正当竞争法》一般条款的规范适用，同时应建立有效的行政主体执法监管的协同运行机制，以促进网络市场竞争秩序的规范运行，更好地保护经营者和消费者的合法权益。

---

① 最高人民法院（2009）民申字第 1065 号民事裁定书。

第7章
结　语

　　对于网络的市场竞争而言，创新是其不断持续繁荣的原动力，但如对创新无所约束，也将导致网络的市场竞争无序、乱象丛生。根据《中共中央国务院关于深化体制机制改革加快实施创新驱动发展战略的若干意见》，完善知识产权审判工作机制，严格知识产权保护制度，是营造激励创新的公平竞争环境的重要抓手。因此，对于网络的创新行为，既要以鼓励和保护为原则，也要由外在机制倒逼其架构起一个能自我修复、自我净化、自我平衡的生存系统，才能确保技术创新的可持续发展和相关市场的有序运行。这个外在机制，包括推动完善反不正当竞争法律制度的立法，健全和完善反不正当竞争法律制度体系，除了健全行政执法监管机制，更重要的是，要不断总结网络的不正当竞争纠纷解决机制的司法经验，发挥司法作为纠纷解决的最后保障程序的作用。

　　不正当竞争行为是一种违反诚实信用原则、违背商业道德的行为，不仅损害竞争对手的利益，还会对消费者的利益造成损害，扰乱市场经济秩序。我国2017年《反不正当竞争法》第1条和第2条明确规定了"保护消费者的合法利益"这一立法目的，对不正当竞争行为损害消费者合法权益的情形可以形成有效规制。因此，将损害消费者合法权益作为判定不正当竞争行为的标准之一，有利于解决现实中对不正当竞争行为进行判定的难题，也是对反不正当竞争法立法目的的回应。消费者作为竞争行为的吸引对象，应当被纳入受害人范围，当经营者所实施的行为对不特定的消费者造成损害时，消费者可以基于《反不正当竞争法》寻求救济，如果消费者认为经营者的行为损害了自己利益，就可以向人民法院起诉。换言之，消费者的诉讼权利在经营者实施上述不正当竞争行为之日即产生，诉讼权利的产生以消费者是否知道或者应当知道经营者实施了上述行为为依据。此时不以消费者是否发生实际损害为前提，消费者的实际损害更不应该成为案件审理关注的重点。

2017年《反不正当竞争法》修订后，网络不正当竞争行为一般无须再扩张适用《反不正当竞争法》一般条款进行认定，可转而适用 2017 年《反不正当竞争法》"互联网专条"及兜底项。在认定网络不正当竞争行为提供者之间存在竞争关系的基础上，为避免"一刀切"的法律评价方式，改采用以用户为观察视角，通过区分免费用户和付费用户，考量用户是否具有免受广告打扰的合理预期，并以此作为判断依据来认定被告行为是否妨碍、破坏原告服务的正常运行。此外，根据 2017 年《反不正当竞争法》"互联网专条"的体系解释，该条兜底项的适用，还要求网络经营主体具有主观恶意，故仍需再结合网络经营主体是否具有针对性以及是否存在诱导式宣传等情形认定其主观状态，只有符合上述构成要件才构成网络不正当竞争行为。

目前，尽管针对 2017 年《反不正当竞争法》"互联网专条"的理解和适用存在一些不同的声音，但都不能否认 2017 年《反不正当竞争法》"互联网专条"存在的必要性和重要性。虽然法律总是落后于经济生活和社会关系，但从法律关系中抽象出来，形成社会规则，可以给规则适用对象以明确的指引。对经营者而言，无疑增加了确定性，一定程度降低了商业行为的法律风险。实践的问题需要靠实践解决。学界和实务界针对 2017 年《反不正当竞争法》"互联网专条"产生的疑问和猜测有待于通过司法和执法实践中产生更加丰富的案例加以验证。法律适用是完善法律的最佳途径，司法机关和执法机构在相关案例中适用 2017 年《反不正当竞争法》"互联网专条"处理法律争议和查处不正当竞争行为，并不断提出完善立法、执法、司法的相关建议，将不断促进《反不正当竞争法》在维护互联网市场公平竞争和市场秩序中发挥更加重要的作用。

参 考 文 献

一、著作文献

[1] 孔祥俊. 反不正当竞争法原理. 北京：知识产权出版社，2005.

[2] 孔祥俊. 反不正当竞争法的适用与完善. 北京：法律出版社，1998.

[3] 孔祥俊. WTO 知识产权协定及其国内适用. 北京：法律出版社，2002.

[4] 孔祥俊. 反不正当竞争法的创新性适用. 北京：中国法制出版社，2014.

[5] 孔祥俊，武建英，刘泽宇. WTO 规则与中国知识产权法原理·规则·案例. 北京：清华大学出版社，2006.

[6] 孔祥俊. 商标与不正当竞争法原理和判例. 北京：法律出版社，2009.

[7] 孔祥俊等. 反不正当竞争法原理·规则·案例. 北京：清华大学出版社，2006.

[8] 程永顺. 反不正当竞争纠纷案件. 北京：知识产权出版社，2007.

[9] 郑成思. WTO 知识产权协议逐条讲解. 北京：中国方正出版社，2001.

[10] 邵建东. 德国反不正当竞争法. 北京：中国人民大学出版社，2001.

[11] 吕明瑜. 竞争法. 北京：法律出版社，2004.

[12] 陈有西. 反不正当竞争法律适用概论. 北京：人民法院出版社，1994.

[13] 谢晓尧. 在经验与制度之间：不正当竞争司法案例类型化研究. 北京：法律出版社，2010.

[14] 谢晓尧. 竞争秩序的道德解读——反不正当竞争研究. 北京：法律出版社，2005.

[15] 林秀芹等. 促进技术创新的法律机制研究. 北京：高等教育出版社，2010.

[16] 王先林等. 知识产权滥用及其法律规制. 北京：中国法制出版社，2008.

[17] 冯晓青. 不正当竞争及其他知识产权侵权专题判解与学理研究（第 1 分册）. 北京：中国大百科全书出版社，2010.

[18] 高德步. 产权与增长：论法律制度的效率. 北京：中国人民大学出版社，1999.

[19] 对外贸易经济合作部国际经贸关系司. 世界贸易组织乌拉圭回合多边贸易谈判结果法律文本. 北京：法律出版社，2001.

[20] 漆多俊. 经济法论丛（第 1 卷）. 北京：中国方正出版社，1998.

[21] 韩赤凤. 中外反不正当竞争法经典案例. 北京：知识产权出版社，2010.

[22] 徐孟洲，孟雁北. 竞争法. 北京：中国人民大学出版社，2008.

[23] 吕来明，熊英. 反不正当竞争法比较研究——以我国《反不正当竞争法》修改为背景. 北京：知识产权出版社，2014.

[24] 赖源河. 公平交易法新论. 北京：中国政法大学出版社，2002.

[25] 罗伯特·考特，托马斯·尤伦. 法和经济学. 上海：上海三联书店，1994.

[26] 理查德·A. 波斯纳. 法律的经济分析. 北京：中国大百科全书出版社，1997.

[27] 查尔斯·R. 麦克马尼斯. 不公平贸易行为概论. 陈宗胜，等译. 北京：中国社会

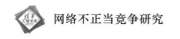

科学出版社，1997.

[28] 德沃金. 认真对待权利. 信春鹰，吴玉章，译. 上海：上海三联书店，2008.

[29] 理查德·波斯纳. 反托拉斯法. 孙秋宁，译. 北京：中国政法大学出版社，2003.

[30] 王泽鉴. 法律思维与民法实例. 北京：中国政法大学出版社，2011.

[31] 钟明钊. 竞争法. 北京：法律出版社，2016.

[32] 王全兴. 经济法基础理论专题研究. 北京：中国检察出版社，2003.

[33] 李昌麒. 经济法. 北京：中国政法大学出版社，2011.

[34] 杨立新. 侵权责任法. 北京：法律出版社，2010.

[35] 徐孟洲. 市场竞争的法律调整与对策. 北京：中国政法大学出版社，1993.

[36] 崔建远. 合同法. 北京：法律出版社，1998.

[37] 王名扬. 英国行政法. 北京：中国政法大学出版社，1987.

二、期刊论文

[1] 邵建东. 反不正当竞争法中的一般条款. 法学，1995，2.

[2] 张钦坤. 反不正当竞争法一般条款适用的逻辑分析——以新型互联网不正当竞争案件为例. 知识产权，2015，3.

[3] 张钦坤. 中国互联网不正当竞争案件发展实证分析. 电子知识产权，2014，10.

[4] 陶鑫良. 非公益必要不干扰原则与反不正当竞争法一般条款适用. 电子知识产权，2015，2.

[5] 薛军. 质疑"非公益必要不干扰原则". 电子知识产权，2015，5.

[6] 王春晖. 论互联网竞争中的"非公益必要不干扰原则". 电子知识产权，2014，8.

[7] 兰磊. 比例原则视角下的《反不正当竞争法》一般条款解释——以视频网站上广告拦截和快进是否构成不正当竞争为例. 东方法学，2015，3.

[8] 石必胜. 互联网竞争的非公益必要不干扰原则——兼评百度诉360插标和修改搜索提示词不正当竞争纠纷案. 电子知识产权，2014，4.

[9] 郑有德，范长军. 反不正当竞争法一般条款具体化研究——兼论我国《反不正当竞争法》的完善. 法商研究，2005，9.

[10] 谢思尧，吴思罕. 论一般条款的确定性. 法学评论，2004，3.

[11] 刘维. 反不正当竞争法一般条款的适用边界. 上海政法学院学报（法治论丛），2011，6.

[12] 张平.《反不正当竞争法》的一般条款及其适用——搜索引擎爬虫协议引发的思考. 法律适用，2013，3.

[13] 孟雁北. 反不正当竞争法视野中的商业道德解读——以互联网行业不正当竞争行为的规制为例证. 中国工商管理研究，2012，12.

[14] 蒋志培，孔祥俊，王永昌.《关于审理不正当竞争民事案件应用法律若干问题的解释》的理解和适用. 人民司法，2007，3.

[15] 侯霞. 网络环境中新型不正当竞争行为的法律规制. 安徽工业大学学报（社会科

学版），2010，1.

[16] 潘澧. 恶意软件的工作原理及分类的问题研究. 广州科技，2007，4.

[17] 李颖，陈敏. 浏览器不正当竞争案件调研报告. 竞争政策研究，2015，7.

[18] 李翔等. 程序行为监督技术与"最小特权原则". 信息安全与通信保密，2008，12.

[19] 邵建东. 论私法在维护正当竞争秩序中的作用——以中德反不正当竞争法为考察对象. 山西大学学报（哲学社会科学版），2003，6（3）.

[20] 郑友德，伍春艳. 我国反不正当竞争法修订十问. 法学，2009，1.

[21] 蔡琳. 不确定法律概念的法律解释. 华东政法大学学报，2014，6.

[22] 朱凯. 惩罚性赔偿制度在侵权法中的基础及其适用. 中国法学，2003，3.

[23] 郭传凯. 以诚实信用为核心的一般条款构建——以《反不正当竞争法》第二条的适用为切入点. 价格理论与实践，2016，6.

[24] 袁锋. 浏览器自带网络广告屏蔽功能的竞争法责任研究. 电子知识产权，2014，7.

[25] 吴峻. 反不正当竞争法一般条款的司法适用模式. 法学研究，2016，2.

[26] 曹丽萍. 技术运用与商业模式的竞争的边界评析浏览器过滤视频广告行为的不正当竞争性质. 电子知识产权，2015，5.

[27] 董慧娟，周杰. 对浏览器过滤视频广告功能构成不正当竞争的质疑. 电子知识产权，2014，12.

[28] 张广良. 具有广告过滤功能浏览器开发者的竞争法责任解析. 知识产权，2014，1.

[29] 蒋舸. 反不正当竞争法一般条款的形式功能与实质功能. 法商研究，2014，6.

[30] 郑友德，伍春艳. 论反不正当竞争法的一般条款——兼论《反不正当竞争法》（修订草案送审稿）第二条的完善. 电子知识产权，2016，6.

[31] 蒋舸. 《反不正当竞争法》一般条款在网络的适用. 电子知识产权，2014，10.

[32] 杨柏勇. 利用网络进行不正当竞争的几个法律问题. 电子知识产权，2001，1.

[33] 吕方. 加大知识产权司法保护的法律适用问题——最高人民法院民事审判第三庭庭长蒋志培访谈. 法律适用，2005，2.

[34] 叶明，陈耿华. 互联网不正当竞争案件中竞争关系认定的困境与进路. 西南政法大学学报，2015，2（1）.

[35] 谭俊. 论互联网行业不正当竞争的新特征及其法律规制. 电子知识产权，2014，10.

[36] 张钦坤，刘娜. 浅析屏蔽视频网站广告行为的违法性. 中国版权，2015，4.

[37] 卢纯昕. 反不正当竞争法一般条款在知识产权保护中的适用定位. 知识产权，2017，1.

[38] 杨华权. 论一般消费者标准在反不正当竞争法中的构建与适用. 知识产权，2017，1.

[39] 张素伦. 互联网不正当竞争行为的判定应引入消费者权益因素. 电子知识产权，2014，4.

[40] 谢兰芳. 论互联网不正当竞争中消费者利益的保护. 知识产权，2015，11.

[41] 劳尔斯·柯约比. 互联网产业：多边市场和竞争规则的适用. 竞争政策研究，

2015, 2.

[42] 郑文通. 我国反垄断诉讼对"滥用市场支配地位"规定的误读. 法学, 2010, 5.

[43] 蒋岩波. 互联网产业中相关市场界定的司法困境与出路——基于双边市场条件. 法学家, 2012, 6.

[44] 林平, 刘丰波. 双边市场中相关市场界定研究最新进展与判例评析. 财经问题研究, 2014, 6.

[45] 杨文明. 滥用市场支配地位中的正当理由规则研究. 河南财经政法大学学报, 2015, 5.

[46] 王永强. 网络商业环境中竞争关系的司法认定——基于网络不正当竞争案件的考察. 法学, 2013, 11.

[47] 刘建臣. 美国版权法对屏蔽网页广告行为的法律规制. 中国版权, 2015, 2.

[48] 谢海燕. 论商业混同行为——兼谈我国《反不正当竞争法》第五条的不足与完善. 贵州师范大学学报（社会科学版）, 2004, 6.

[49] 张广良. 竞争法对知识产权的保护与限制. 法学杂志, 2015, 2.

[50] 田辰, 吴白丁. "案例群"归纳法与互联网不正当竞争行为规制. 竞争政策研究, 2016, 7.

[51] 张今. 互联网新型不正当竞争行为的类型及认定. 北京政法职业学院学报, 2014, 2.

[52] 李雨峰. 网络不正当竞争行为的判定. 重庆邮电大学学报（社会科学版）, 2016, 1.

[53] 蒋舸. 关于竞争行为正当性评判泛道德化反思. 现代法学, 2013, 6.

[54] 王超. 论网络不正当竞争中市场替代的构成——以"大众点评诉百度案"为例. 公民与法, 2016, 10.

[55] 吴韬, 尹力沉. 互联网不正当竞争对立法的挑战及其应对. 中国工商管理研究, 2015, 4.

[56] 丁道勤. 数据抓取行为法律研究——基于相关案例的考察. 新时代大数据法治峰会论文集, 2017.

[57] 张晓津. 软件冲突与不正当竞争法律问题研究（下）. 信息网络安全, 2016, 10.

[58] 汪涌. 软件不正当竞争行为及其法律规制. 法律适用, 2012, 4.

[59] 关晓海. 字号字形不同但方言发音相似构成攀附商誉——河南高院判决老黄记公司与黄家老店不正当竞争纠纷案. 人民法院报, 2013-06-06.

[60] 刘维. 反不正当竞争法一般条款的适用边界（下）. 中华商标, 2012, 12.

[61] 邓宏光, 易健雄. 竞价排名的关键词何以侵害商标权——兼评我国竞价排名商标侵权案. 电子知识产权, 2008, 8.

[62] 余景美. 网络上不正当竞争行为的法律适用与立法完善. 经济师, 2004, 6.

[63] 张平. 商业方法软件专利保护——美国的实践及其启示. 法商研究, 2005, 4.

[64] 张光博. 国外网络信息立法对我国的启示. 现代情报, 2004, 9.

[65] 黄娟. 《反不正当竞争法》中的一般条款研究. 山东社会科学, 2013, 1.

[66] 邵建东. 我国反不正当竞争法中的一般条款及其在司法实践中的适用. 南京大学法律评论, 2003, 1.

[67] 王先林. 论反不正当竞争法调整范围的扩展——我国《反不正当竞争法》第 2 条的完善. 中国社会科学院研究生院学报, 2010, 6.

[68] 李友根. 论竞争法中的法定赔偿: 制度变迁个案的解剖——基于不正当竞争案例的整理与研究. 中国法学, 2009, 1.

[69] 邵建东. 中德反不正当竞争法律责任体系比较研究. 中德法学论坛, 2002.

[70] 刘钰婕. 不正当竞争案件中法定赔偿的超越与限度——基于互联网不正当竞争案例的整理与研究. 电子知识产权, 2015, 11.

[71] 王勇. 中日反不正当竞争法比较及其对中国的启示. 学术探索, 2011, 5.

[72] 于海防. 涉网络案件民事诉讼地域管辖问题的一般性研究——以法律事实发生地的空间定位为基础. 西北政法大学学报, 2010, 5.

[73] 王德全. 试论 Internet 案件的司法管辖权. 中外法学, 1998, 2.

[74] 谢波. 网络取证的困境与出路. 网络法律评论, 2008.

[75] 凌崧, 凌宗亮. 网络证据保全公证的现实困境与完善建议——以上海市黄浦区人民法院的知识产权审判实践为样本. 重庆邮电大学学报, 2012, 3.

[76] 罗楚湘, 彭云. 从"3Q"事件看我国互联网市场管理法制的状态、不足与完善. 河北法学, 2012, 9.

[77] 周樨平, 何祎. 反不正当竞争法一般条款授权问题研究. 河北法学, 2013, 11.

[78] 刘平. 网络环境下不正当竞争行为的法律规制. 商业文化（上半月）, 2012, 5.

[79] 张士元, 杨微. 论网络环境中对不正当竞争行为的法律规制. 安徽大学法律评论, 2006, 7.

[80] 袁秀挺, 胡宓. 搜索引擎商标侵权及不正当竞争的认定与责任承担——网络环境商标间接侵权"第一案"评析. 法学, 2009, 4.

[81] 王迁. "垂直搜索"的著作权侵权问题研究——兼评"大众点评网诉爱帮网案"及"携程网诉趣拿网案". 电子知识产权, 2009, 11.

[82] 戴琳. 论我国的知识产权行政保护及行政管理机构设置. 云南大学学报（法学版）, 2010, 6.

[83] 孔祥俊. 反不正当竞争法的司法创新和发展——为《反不正当竞争法》施行 20 周年而作（上）. 知识产权, 2013, 11.

三、法院判决书

[1] 最高人民法院民事判决书（1999）知终字第 3 号.

[2] 最高人民法院民事判决书（2000）知终字第 3 号.

[3] 最高人民法院民事判决书（2001）民三终字第 11 号.

[4] 最高人民法院民事裁定书（2009）民申字第 1065 号.

[5] 最高人民法院民事判决书（2013）民三终字第 4 号.

[6] 最高人民法院民事判决书（2013）民三终字第 5 号.

[7] 最高人民法院民事裁定书（2014）民申字第 873 号.

[8] 最高人民法院民事裁定书（2014）民申字第 2000 号.

[9] 最高人民法院民事判决书（2015）民申字第 3340 号.

[10] 北京市高级人民法院民事判决书（1999）高知终字第 15 号.

[11] 北京市高级人民法院民事判决书（2006）高民终字第 264 号.

[12] 北京市高级人民法院民事判决书（2010）高民终字第 489 号.

[13] 北京市高级人民法院民事判决书（2013）高民终字第 2352 号.

[14] 北京市高级人民法院民事判决书（2015）高民（知）终字第 1035 号.

[15] 北京知识产权法院民事判决书（2014）京知民终字第 79 号.

[16] 北京知识产权法院民事判决书（2015）京知民终字第 79 号.

[17] 北京知识产权法院民事判决书（2015）京知民终字第 1650 号.

[18] 北京知识产权法院民事判决书（2016）京 73 民终 69 号.

[19] 北京市第一中级人民法院民事判决书（2005）一中民终字第 4543 号判决书.

[20] 北京市第一中级人民法院民事判决书（2005）一中民初字第 5456 号.

[21] 北京市第一中级人民法院民事判决书（2006）一中民初字第 8569 号.

[22] 北京市第一中级人民法院民事判决书（2006）一中民初字第 11337 号.

[23] 北京市第一中级人民法院民事裁定书（2009）一中民终字第 5031 号.

[24] 北京市第一中级人民法院民事裁定书（2009）一中民终字第 5525 号.

[25] 北京市第一中级人民法院民事判决书（2009）一中民初字第 16849 号.

[26] 北京市第一中级人民法院民事判决书（2010）一中民初字第 10831 号.

[27] 北京市第一中级人民法院民事判决书（2011）一中民终字第 7512 号.

[28] 北京市第一中级人民法院民事判决书（2012）一中民初字第 5718 号.

[29] 北京市第一中级人民法院民事判决书（2013）一中民初字第 2668 号.

[30] 北京市第一中级人民法院民事判决书（2013）一中民终字第 04394 号.

[31] 北京市第一中级人民法院民事判决书（2014）一中民终字第 3283 号.

[32] 北京市第一中级人民法院民事判决书（2014）一中民终字第 3284 号.

[33] 北京市第一中级人民法院民事判决书（2014）一中民终字第 06798 号.

[34] 北京市第二中级人民法院民事判决书（2000）二中知初字第 122 号.

[35] 北京市第二中级人民法院民事判决书（2001）二中民终字第 12237 号.

[36] 北京市第二中级人民法院民事判决书（2006）二中民初字第 16174 号.

[37] 北京市第二中级人民法院民事判决书（2008）二中民终字第 19181 号.

[38] 北京市第二中级人民法院民事判决书（2009）二中民初字第 10988 号.

[39] 北京市第二中级人民法院民事判决书（2011）二中民终字第 12237 号.

[40] 北京市第二中级人民法院民事判决书（2013）二中民初字第 15709 号.

[41] 北京市海淀区人民法院民事判决书（2006）海民初字第 29416 号.

[42] 北京市海淀区人民法院民事判决书（2007）海民初字第 17564 号.

[43] 北京市海淀区人民法院民事判决书（2010）海民初字第 24463 号.

[44] 北京市海淀区人民法院民事判决书（2012）海民初字第 23387 号.

[45] 北京市海淀区人民法院民事判决书（2013）海民初字第 13155 号.

[46] 北京市海淀区人民法院民事裁定书（2013）海民初字第 24365 号.

[47] 北京市海淀区人民法院民事裁定书（2014）海民初字第 9763 号.

[48] 北京市海淀区人民法院民事判决书（2014）海民初字第 12853 号.

[49] 北京市海淀区人民法院民事判决书（2014）海民初字第 15008 号.

[50] 北京市海淀区人民法院民事判决书（2014）海民（知）初字第 21694 号.

[51] 北京市海淀区人民法院民事判决书（2015）海民（知）初字第 4135 号.

[52] 北京市海淀区人民法院民事判决书（2015）海民（知）初字第 8597 号.

[53] 北京市海淀区人民法院民事判决书（2015）海民（知）初字第 12602 号.

[54] 北京市海淀区人民法院民事判决书（2015）海民（知）初字第 19141 号.

[55] 北京市海淀区人民法院民事判决书（2015）海民（知）初字第 19885 号.

[56] 北京市朝阳区人民法院民事判决书（2003）朝民初字第 24224 号.

[57] 北京市朝阳区人民法院民事判决书（2004）朝民初字第 19424 号.

[58] 北京市朝阳区人民法院民事判决书（2010）朝民初字第 37626 号.

[59] 北京市东城区人民法院民事判决书（2013）东民初字第 08310 号.

[60] 上海市高级人民法院民事裁定书（2008）沪高民三（知）终字第 116 号.

[61] 上海市高级人民法院民事判决书（2009）沪高民三（知）终字第 135 号.

[62] 上海市第一中级人民法院民事判决书（2014）沪一中民五（知）初字第 22 号.

[63] 上海市第二中级人民法院民事判决书（2007）沪二中民五（知）初字第 147 号.

[64] 上海市浦东新区人民法院民事判决书（2015）浦民三（知）初字第 191 号.

[65] 上海市杨浦区人民法院民事判决书（2015）杨民三（知）初字第 1 号.

[66] 广东省高级人民法院民事判决书（2011）粤高法民三初字第 1 号.

[67] 天津市高级人民法院民事判决书（2012）津高民三终字第 3 号.

[68] 山东省高级人民法院民事判决书（2010）鲁民三终字第 5-2 号.

[69] 天津市高级人民法院民事判决书（2016）津民终 112 号.

[70] 河北省高级人民法院民事判决书（2016）冀民再 9 号.

[71] 福建省高级人民法院民事判决书（2015）闽民终字第 1266 号.

[72] 江苏省南京市中级人民法院民事判决书（2016）苏 01 民终 8584 号.

[73] 浙江省杭州市中级人民法院民事判决书（2013）浙杭辖终字第 287 号.

[74] 湖南省长沙市中级人民法院民事判决书（2004）长中民三初字第 221 号.

[75] 湖北省武汉市中级人民法院民事判决书（2011）武知中字第 00006 号.

[76] 福建省莆田市中级人民法院民事判决书（2014）莆民初字第 406 号.

四、学位论文

[1] 程合红. 商事人格权. 博士学位论文，中国政法大学，2001.

[2] 杨光. 我国保险竞争法律问题研究. 硕士学位论文，吉林大学，2004.

[3] 杨微. 关于网络环境中不正当竞争行为法律规制的研究. 硕士学位论文，北方工业大学，2006.

[4] 孔丽鸿. 论反不正当竞争法一般条款的作用. 硕士学位论文，中国政法大学，2007.

[5] 魏治勋. 禁止性法律规范的概念. 博士学位论文，山东大学，2007.

[6] 王璐. 网络不正当竞争行为法律规制研究. 硕士学位论文，西南政法大学，2010.

[7] 牛鑫. 网络新型不正当竞争行为的法律规制研究. 硕士学位论文，北方工业大学，2012.

[8] 金莲花. 论网络环境中不正当竞争行为的法律规制. 硕士学位论文，延边大学，2012.

[9] 周樨平. 反不正当竞争法一般条款具体化研究. 博士学位论文，南京大学，2013.

[10] 田野. 思想政治教育视域下大学生网络信息辨察能力的培养和引导. 硕士学位论文，东北师范大学，2013.

[11] 郭振兰. 网络不正当竞争法律问题研究. 博士学位论文，中南大学，2014.

[12] 荣媛媛. 反不正当竞争法一般条款研究. 硕士学位论文，华南理工大学，2014.

[13] 刘晗. 互联网新型不正当竞争行为研究. 硕士学位论文，中国政法大学，2014.

[14] 魏曦. 网络新型不正当竞争行为的法律规制研究. 硕士学位论文，华东政法大学，2016.

[15] 李晴. Robots 协议与互联网竞争规治. 硕士学位论文，清华大学，2015.

五、外国文献

[1] Norman S. Poser, Broker-Dealer Law and Regulation: Private Rights of Action. Boston: Little, Brown and Company, 1995.

[2] Kinderstart. com LLC.v. Google Tech., Inc., No.C 06-2057 JF RS, N. D. Cal., March 16, 2007.

[3] Thomas Hoppner, 'Defining Markets for Multi-Sided Platforms: The Case of Search Engines'. World Competition 38, no. 3 (2015).

[4] U.S. v. BAZAARVOICE, INC. Case No. 13-cv-00133-WHO. United States District Court, N.D. California, San Francisco Division.

[5] David S. Evans: Multisided Platforms, Dynamic Competition and the Assessment of Market Power for Internet-based Firms. University of Chicago Coase-Sandor Institute for Law & Economics Research Paper No. 753.

致　　谢

　　我于 2014 年 7 月，在清华大学完成博士后一站的研究工作。基于对学术科研工作的专注与毕生追求，从 2015 年开始，我又进行了长达 4 年的二站博士后研究工作。对从事二站博士后研究工作的我来讲，在思想上也经历了迷茫、彷徨、挫折与坚持的过程。在中国社科院法学所商法室主任邹海林导师的热情帮助、无私关怀和精心指导下，我终于顺利完成了博士后研究报告。

　　我的博士后研究方向，始终关注网络与各个传统行业深度融合的法律问题研究。之前开展的课题"P2P 担保风险的识别与控制机制的法律问题研究"，后因互联网金融监管体制及制度安排发生变化而无法完成。对此，我曾一度产生了放弃二站博士后研究工作的想法，直到在研究工作接近尾声时，又适逢 2017 年修订《反不正当竞争法》，才决心对研究报告进行颠覆式的重写。我之所以能够成功克服上述困难，特别感谢我的导师邹海林老师，他高度的政治站位、严谨的治学研究态度、无私的敬业精神深深感染了我，助力我重新选择了新的研究方向并坚定了《网络不正当竞争研究》的课题。同时，我能够成功地完成博士后研究报告，也要感谢社科院法学所从事科研管理的孙秀升老师、缪树蕾老师，是他们帮助我办理博士后工作的延期申请工作，我还要特别感谢社科院法学所给予我宽松的科研氛围及科研政策，让我能够走向二站博士后研究工作成功完成的彼岸。

　　再次感谢给我提供帮助的各位导师、各位同学、各位亲人，正是你们的呵护与陪伴，让我在孤独艰难的岁月中找到了前进的方向，义无反顾、勇往直前，这种力量将成为陪伴我一生的成长动力。